AUDREY LEBEL

NOS AMIS SAOUDIENS

BERNARD GRASSET
PARIS

Couverture : Karim Daher/Hans Lucas (photo retouchée).

ISBN : 978-2-246-82803-7

« Il fait bien noir au pays des Lumières. »

Jack le Black, street-artiste français

PROLOGUE

D'abord, il y a le silence. L'omerta.

Toutes ces personnes contactées qui n'ont pas souhaité parler. Experts, chercheurs, hommes et femmes politiques, consultants, anciens expatriés, anciens salariés, diplomates, commerciaux. Ou, au mieux, sous couvert d'anonymat.

Il y a la crainte des représailles. L'embarras.

Il y a toutes ces relances, tous ces rendez-vous annulés à la dernière minute, sans explications. Ces répondeurs vocaux pour seuls intermédiaires. L'opacité, les portes fermées.

Il y a la suffisance aussi. Les formes de menaces. Les moyens de pression. La façon dont mes interlocuteurs de sexe masculin, blancs, d'une soixantaine d'années pour la majorité d'entre eux, ont répété les mêmes phrases en tâchant de décrédibiliser la jeune femme journaliste que je suis, et le non-sujet que serait celui d'enquêter sur les relations entre la France et l'Arabie saoudite.

Il s'agit pourtant de parler d'un « pays ami », d'un « partenaire privilégié » de l'État français. Le seul au monde à porter le nom de sa famille royale : les Al Saoud. Un royaume où tous les monarques qui se sont succédé depuis la fondation de l'État moderne, en 1932, sont des descendants d'Ibn Saoud, premier roi d'Arabie saoudite. Aujourd'hui, il est gouverné par un jeune prince : Mohammed ben Salman, dit MBS.

Depuis que son père, le roi Salman, a succédé en 2015 à son demi-frère, le roi Abdallah, MBS n'a qu'une obsession : gouverner sans entraves ce royaume de 36 millions d'habitants. Dès son accession au trône, à l'âge de 79 ans, le roi Salman bouleverse l'ordre de succession en nommant MBS, le sixième de ses dix enfants et son préféré, vice-prince héritier. Mais aussi ministre de la Défense, président du Comité pour les affaires économiques et de développement, directeur du Royal Diwan – le bureau exécutif du roi qui gère la politique intérieure, les affaires religieuses, et les relations internationales. MBS n'a pas encore 30 ans quand il est également désigné président du nouveau conseil suprême de Saudi Aramco, la compagnie nationale saoudienne possédant la quasi-intégralité des ressources en hydrocarbures du royaume, mais aussi et surtout, la première compagnie pétrolière mondiale en termes de production. L'Arabie saoudite détient les plus vastes réserves de pétrole conventionnel de la planète. Elle en est le premier exportateur.

MBS en a conscience. Il compte bien, en brandissant l'or noir comme monnaie d'échange, dicter sa loi au reste du monde. Il se sent pousser des ailes. Il peut compter sur l'appui de Donald Trump à partir de 2017. Ce dernier lui apporte son soutien en toutes circonstances. MBS se croit invincible. Il est vrai que depuis le partenariat scellé lors de la rencontre entre le roi Abdel Aziz ben Saoud et le président Franklin D. Roosevelt, en 1945, la pétromonarchie est la chasse gardée de Washington. Les États-Unis assurent au royaume une protection militaire en échange d'un accès privilégié au pétrole saoudien. Mais avec Donald Trump au pouvoir, MBS peut compter sur une alliance infaillible.

À peine arrivé aux manettes des Armées, huit semaines seulement après avoir été nommé ministre de la Défense, MBS lance, en 2015, l'offensive Tempête décisive. L'Arabie saoudite, à la tête d'une coalition de huit pays arabes, déclare la guerre aux rebelles chiites houthis du Yémen voisin, soutenus par l'Iran. La république islamique est l'ennemie numéro un de Riyad. Elle vient sans cesse lui rappeler que la famille régnante pourrait, un jour, finir elle aussi comme le Shah d'Iran.

Si l'Arabie saoudite est le berceau de l'islam sunnite, là où se situent La Mecque et Médine – lieux saints où se réunissent chaque année des millions de visiteurs venant pratiquer leur pèlerinage –, la famille royale ne détient son pouvoir qu'en raison d'un pacte noué au XVIIIe siècle avec un religieux rigoriste, Ibn Abdel Wahhab. L'islam saoudien devient alors le wahhabisme. Un islam ultra-fondamentaliste où la charia est appliquée, où les femmes vivent encore aujourd'hui sous tutelle masculine, et où elles encourent la lapidation en cas d'adultère. Elles n'ont pas le droit de se déplacer, de travailler, d'aller chez le médecin, ou encore d'ouvrir un compte bancaire sans l'autorisation de leur tuteur masculin : un mari, un frère, un cousin ou même un fils. Celles qui tenteraient de fuir le royaume s'exposent à la peine de mort.

Le wahhabisme prône par ailleurs le retour aux pratiques en vigueur dans la communauté musulmane du Prophète, dont le djihad. Il a, au travers de sa vision salafiste, alimenté des groupes terroristes comme Al-Qaïda ou Daech. Quinze des dix-neuf kamikazes du 11 septembre 2001 étaient des ressortissants saoudiens, tous adeptes du Saoudien Oussama ben Laden. Quant à l'État islamique, à partir de 2012, les Saoudiens vont lui fournir ses contingents les plus nombreux. Le président de la République, Emmanuel Macron, dénonçait ainsi en août 2017 le fait que « le Qatar et l'Arabie saoudite ont financé des groupements (…) qui ont, de fait, contribué au terrorisme ».

En 2005, l'Arabie saoudite appelait à boycotter les produits danois après la publication des caricatures du prophète Mahomet dans le quotidien danois *Jyllands-Posten*. C'est également Riyad qui intente en 2007 un procès à *Charlie Hebdo* pour offense à la dignité des croyants pour avoir reproduit lesdites caricatures publiées au Danemark. Il s'est servi pour cela de son bras armé religieux : la Ligue islamique mondiale (LIM), associée pour l'occasion à la

Grande Mosquée de Paris et à l'Union des organisations islamiques de France.

MBS compte bien faire oublier tout cela. Lui veut incarner la modernité et le changement de la société saoudienne. Il assure combattre ardemment les terroristes du Yémen.

Huit ans après le début de l'offensive, il est enlisé dans une guerre dont les civils yéménites ne voient pas la fin et qui a fait plus de 380 000 morts selon le dernier rapport de l'ONU, daté de novembre 2021. L'organisation internationale parle de la « pire catastrophe humanitaire au monde ». Elle a dénoncé à de multiples reprises les crimes de guerre commis par Riyad à Sanaa.

Cela n'a pas inquiété MBS. Il le sait, il est le favori de son père. À tel point qu'en 2017, le roi Salman n'hésite pas à bouleverser l'ordre de succession pour le nommer prince héritier à la place de Mohammed ben Nayef, pourtant expérimenté et bien connu des Occidentaux. Dès lors, il ne se cache plus pour faire le ménage dans les clans de la famille royale. Il fait régner la terreur au sein du royaume.

Les espaces d'expression indépendante disparaissent dans le pays. Les opposants sont emprisonnés sans véritable procès, les défenseurs des droits humains – journalistes, blogueurs, militantes féministes, défenseurs de la minorité chiite – sont muselés, à l'image de Loujain al-Hathloul. Pour avoir réclamé le droit de conduire pour les femmes, elle a été condamnée à plus de cinq ans de prison après avoir été reconnue coupable de diverses activités prohibées par une loi anti-terroriste fourre-tout. La même grâce à laquelle a été condamnée Salma al-Shehab en août 2022 : trente-quatre ans de prison pour avoir partagé les tweets d'activistes comme ceux de Loujain al-Hathloul.

Face à cela, la patrie des droits de l'homme, qui tâche depuis les années 1970 d'occuper une place privilégiée au pays de l'or noir, n'a pas tourné le dos à l'Arabie saoudite. Plutôt que de dénoncer les dérives d'un jeune prince impulsif et sans expérience, elle a préféré ménager ce pays reconnu coupable de crimes de guerre et de crimes contre l'humanité, se rendant elle-même complice de crimes de guerre, selon plusieurs juristes. Elle a déroulé le tapis rouge à un homme soupçonné d'avoir orchestré dans l'un de ses consulats le meurtre et le découpage en morceaux d'un journaliste trop critique. Pas n'importe lequel : Jamal Khashoggi, le petit-fils de l'ancien médecin personnel du roi Ibn Saoud, le fondateur du royaume d'Arabie saoudite, mais aussi le neveu d'un ancien magnat de l'armement bien connu des décideurs français.

Paris n'a pas rechigné non plus à poursuivre l'exportation d'armes à ce royaume en guerre. D'autres alliés ont pris leurs distances vis-à-vis de la monarchie. L'ont critiquée. Condamnée. Menacée.

Pas la France. Elle, n'a cessé de lui apporter son soutien. Elle a profité de la place vacante pour « être dans les starting-blocks » et tenter ainsi de mieux se positionner au pays de l'or noir…

À quel prix ? Pour quel véritable résultat ?

Bienvenue dans les eaux troubles de la relation franco-saoudienne.

PREMIÈRE PARTIE

Un savoir-faire à la française

1. *Aux armes, etc.*

« Vous ne pouvez pas imaginer les moyens qu'ont ces gens pour faire taire. »

Max,
formateur de matériel militaire
vendu à l'Arabie saoudite

Chez les journalistes, on l'appelle « la loi de proximité ». C'est une des règles de ce qu'il est coutume de nommer la hiérarchie de l'information. Le fait qu'une information ait plus ou moins d'importance pour le lecteur en fonction de sa proximité avec le sujet, qu'elle soit temporelle, affective, sociétale ou géographique. Des centaines de milliers de morts à Sanaa, la capitale du Yémen, nous affectent moins qu'un attentat tuant deux personnes en France. Là-bas, on ne se sent pas concernés. Pas menacés.

Le conflit yéménite ? Tout juste fait-il lever quelques sourcils lorsque les médias révèlent la présence d'armes françaises sur place, vendues par notre démocratie à l'Arabie saoudite et aux Émirats arabes unis, deux des principaux belligérants du conflit opposés aux Houthis, soutenus par l'Iran. Pas un ou deux famas livrés il y a bien longtemps et qui auraient atterri accidentellement sur ce terrain de guerre. Non, des armes lourdes, comme des canons 155 mm capables de frapper une cible à 40 kilomètres, et qui ont obtenu toutes les autorisations nécessaires pour être acheminés sur le front.

Dans les faits, le commerce français de l'industrie de l'armement vers l'Arabie saoudite se porte très bien. Personne ne s'est mieux distingué que le ministre des Affaires étrangères Jean-Yves Le Drian dans l'histoire française des ventes d'armes. Les exportations dans ce secteur ont augmenté de 44 % entre 2011-2015 et 2016-2020. Malgré le déclenchement de la guerre au Yémen en 2015 et les accusations de crimes de guerre à l'encontre du royaume saoudien, rien n'a changé pour nos vendeurs d'armes tricolores.

Depuis 2017, la France est le troisième exportateur mondial d'armement après les États-Unis et la Russie. Une place sur le podium due à un record d'exportation vers l'Arabie saoudite, premier importateur mondial d'armes, et premier client de la France. En 2020, les commandes saoudiennes représentaient 703 millions d'euros.

Outre la signature de contrats et l'exportation d'armes, Paris poursuit l'envoi de munitions vers Riyad. Un aspect essentiel sur lequel insistent plusieurs de mes sources de l'industrie de l'armement : « Déjà, pour comprendre le sujet, il faut bien avoir à l'esprit que le point clé, c'est la question des munitions, souligne l'un d'eux. Quelle que soit l'arme, ça ne fait rien sans un approvisionnement en munitions de qualité, et sans une bonne maintenance. » Dans le jargon technique, on parle de rénovation, de modernisation, ou de maintien en condition opérationnelle (MCO). Il est aussi assuré par la France depuis des années pour l'Arabie saoudite, et se poursuit même en temps de guerre au Yémen. « C'est ça le vrai scandale, me décrypte une autre source du secteur, tenue par l'anonymat. On l'oublie trop souvent, mais c'est là où est la vraie responsabilité de la France dans le conflit. »

Depuis Paris, ça me paraît flou, et fou.

D'autant qu'assurer la maintenance d'armes dans un conflit qui bafoue le droit international humanitaire, comme c'est le cas au Yémen depuis 2015, est interdit. En agissant ainsi, l'État français viole les traités internationaux, conventions et autres positions communes qu'il a signés et ratifiés, comme le TCA – le Traité sur le commerce des armes des Nations unies. Il préfère garantir à Djeddah, sur les bords de la mer Rouge, le MCO des navires qui participent au blocus maritime du Yémen. Cent à cent cinquante Français travaillent là-bas sur les frégates d'un fameux contrat, me confie une source : le Sawari II. « Via une filiale de Naval Group à Djeddah, du personnel français, travaillant sous contrat local ou détaché par Naval Group, maintient en condition opérationnelle les frégates des contrats Sawari II, poursuit-elle. En 2018, l'une d'elles a d'ailleurs été très endommagée au large du Yémen. »

Le groupe français, à travers le contrat Erav, toujours applicable aujourd'hui, est chargé d'assurer la maintenance et la modernisation des frégates des contrats Sawari I et II. J'ai contacté Naval Group, entreprise dont l'État est l'actionnaire majoritaire à 62,5 %, pour parler de l'entretien de ces navires de guerre. Je n'ai pas obtenu de réponse.

Que prévoyait le Sawari II ? La formation de 800 marins, ingénieurs et techniciens, ainsi que la maintenance de la base navale de Djeddah. Il comprenait aussi la construction de trois frégates dites La Fayette : *Al Riyadh 812*, *Al Makkah 814*, *Al Dammam 816*. Pas n'importe lesquelles. Ces navires de guerre ont été listés dans le rapport de la Direction du renseignement militaire (DRM) révélé par le média Disclose en 2019, qui indiquait que deux navires fabriqués par les Français participaient au blocus maritime sur les bords de la mer Rouge. *Al Makkah* et *Al Dammam* ont été utilisés au moins jusqu'en septembre 2018, date du rapport de la DRM. Construit à Lorient et livré à l'Arabie saoudite en 2004, ce dernier a été identifié dans une vidéo datée d'octobre 2017 le montrant en train de contrôler un navire au sud du port d'Hodeïda. Ces frégates ont permis aux autorités saoudiennes d'assurer le blocus maritime dans le port d'Hodeïda. Elles ont contribué à restreindre le ravitaillement des populations en produits de première nécessité tels que médicaments, nourriture et carburant.

D'un montant de 19 milliards de francs (environ 3 millions d'euros), le Sawari II avait été signé en 1994 par François Léotard, ministre de la Défense de 1993 à 1995.

Ce dernier s'émeut-il d'une telle utilisation des armes vendues à Riyad sous son mandat, il y a près de trente ans ? Il a accepté de me recevoir chez lui, sur les hauteurs de Fréjus, dont il fut maire de 1977 à 1997, pour discuter des relations entre la France et le royaume saoudien. Ancien député du Var entre 1978 et 2001, il m'accueille exactement soixante-deux ans après la catastrophe du barrage de Malpasset à Fréjus, qui l'a tant marqué. Le 2 décembre 1959, après que le barrage s'est affaissé, 50 millions de mètres cubes d'eau déferlaient à travers la vallée du Reyran et provoquaient la mort de plus de quatre cents personnes. Le père de François Léotard, André Léotard, tout juste maire de la commune, fut l'objet de vives critiques. François Léotard avait alors 17 ans. Il dira plus tard que c'est le besoin de laver l'honneur de son père qui le motiva à entrer en politique.

À mon arrivée à son domicile, l'ancien ministre de la Défense est chaleureux. Du haut de ses 80 ans, il n'a rien d'un vieil homme que le temps aurait abîmé. Son phrasé est clair, son exposé des faits réfléchi, et son propos très construit. Installé dans son bureau, où trônent encore quelques traces de son ancienne vie politique, il me raconte ce qu'était la relation franco-saoudienne de son temps. Il tient à rappeler, en préambule de notre entretien, que « nous étions tous sous l'autorité du président de la République, François Mitterrand. C'était lui le chef des armées. Et je souhaite qu'il soit bien retenu et compris que je me suis toujours fixé comme règle de ne pas décider seul de la Défense mais qu'elle soit le fait de l'ensemble de l'exécutif, notamment sous l'autorité du ministre des Affaires étrangères, à l'époque Alain Juppé. Même si hiérarchiquement, j'étais au-dessus de lui puisque j'étais ministre d'État, ce qui n'était pas son cas ».

D'après ses souvenirs, « les relations avec l'Arabie saoudite – essentiellement ponctuelles – étaient placées sous une réalité : la guerre en Bosnie-Herzégovine. La force française était là-bas pour défendre la minorité musulmane. Ce que l'on a oublié. Or, j'avais très souvent au téléphone le prince Sultan, alors ministre de la Défense saoudien, à ce sujet. Il était très préoccupé par la progression des Serbes autour de Sarajevo et par les menaces qui pesaient sur le président bosniaque. Dans ma mémoire, l'essentiel des souvenirs avec l'Arabie saoudite, ce sont ceux liés à la Bosnie ».

François Léotard m'assure ne plus rien suivre de la vie politico-médiatique française, dont il s'est retiré en 2001. Il n'en a plus le goût, plus l'énergie, me confie-t-il. Il est pourtant très au fait des dernières actualités. Lorsque je l'interroge sur la nécessité de la poursuite des ventes d'armes françaises vers Riyad, quand d'autres pays y ont renoncé, il me rétorque sans hésiter : « Sans aucun doute. Après, fallait-il le faire ? C'est un vaste débat. Mais regardez ce qu'il s'est passé avec l'Australie. Les forces françaises sont dépendantes du commerce des armes. »

Il ne semble en revanche pas être au courant que les frégates du Sawari II servent dans un conflit actuellement en cours. Lorsque vient le temps des questions relatives à son mandat, après plus d'une heure d'entretien, François Léotard est moins bavard. Il est sur ses gardes. Les contrats conclus avec Riyad ? « J'ai complètement oublié », avance-t-il. Une amnésie qui ne l'empêche pas de m'expliquer que de son temps, « pour ce qui concerne les ventes d'armes d'État à État, j'ai toujours été comme Mitterrand et Balladur, assez strict. Il fallait faire très attention à qui nous vendions ».

— Regrettez-vous aujourd'hui avoir signé le contrat Sawari II avec l'Arabie saoudite alors que ses frégates ont été utilisées dans le conflit au Yémen ?

— Pour l'instant la réponse est non parce que lorsque j'ai signé ce contrat, je n'avais pas un instant l'idée que ça pouvait servir dans des situations de guerre. Pas un instant. Je pensais que ça pouvait être réellement l'intérêt des deux pays. Si ça apparaît aujourd'hui, c'est le problème du gouvernement actuel.

— Cela pose tout de même la question de savoir comment, à long terme, se prémunir d'une telle situation…

— C'est vrai. La réponse des industriels est toujours la même : les autres le font, pourquoi on ne le ferait pas. C'est dégueulasse, mais c'est comme ça. La morale et la politique internationale sont deux choses totalement impénétrables l'une à l'autre. C'est vrai que la France, en soutenant l'Arabie saoudite dans ce conflit au Yémen, oublie ses valeurs.

— Estimez-vous que la France est impliquée dans cette guerre ?

— Je ne crois pas. Mais c'est une vraie question. Si des armes françaises contribuent à tuer des gens, nous sommes coupables, naturellement. Je ne sais pas quel est le garde-fou que la République impose aujourd'hui à ses ministres mais c'est capital. Si vous avez des informations précises sur des ventes d'armes françaises à des pays en situation de belligérance, dites-le. Moi ça ne me gêne pas. »

Ces armes ont permis d'entretenir un embargo responsable d'une grave crise humanitaire, dans laquelle « la France a sa responsabilité, estime Jean-François Riffaud, président d'Action contre la faim. Plus de la moitié de la population yéménite a besoin d'aide alimentaire. On n'a jamais vu ça auparavant. Les principes mêmes du droit humanitaire sont bafoués, s'indigne-t-il : ciblage de civils, ciblage des lieux de santé et des dispositifs sanitaires et hospitaliers, blocus des voies d'approvisionnement alimentaire et médical, énumère-t-il, et surtout, on utilise l'arme de la faim comme une arme de guerre au Yémen. Une résolution à ce sujet a d'ailleurs été adoptée par l'ONU : la résolution 2417 précise : "Affamer les civils est une arme de guerre" », m'apprend-il.

L'entrée en guerre de l'Arabie saoudite contre le Yémen n'a rien changé. Paris invoque ici le « réalisme » pour justifier la poursuite du business avec l'Arabie saoudite.

Un réalisme politique qui expliquerait pourquoi la patrie des droits de l'homme s'accommode aussi bien des dérives d'un État en guerre.

« La France a continué à participer à l'accomplissement d'activités militaires sur le terrain », dénonce pour sa part Jean-François Riffaud, en rappelant que « sur la période 2015-2020, elle a livré pour 2,5 milliards d'euros d'armes à l'Arabie saoudite. Dans le même temps, elle a donné 18,5 millions d'euros d'aide humanitaire pour le Yémen. Soit 135 fois moins… Et depuis, elle a encore baissé son aide à 11 millions d'euros ».

Alors qu'aucun État et qu'aucune entreprise d'armement n'ont le droit d'alimenter en armes une puissance qui retourne celles-ci contre des civils, précisément ce qu'il se passe au Yémen, notre pays fournit aussi à l'armée saoudienne des formations. Et cela n'a pas lieu qu'à 7 000 kilomètres de l'Hexagone.

2. *Des soldats saoudiens en métropole*

> « Nous ne sommes pas les créateurs de cette guerre. L'Arabie saoudite porte la responsabilité de la guerre au Yémen. S'il n'y avait pas eu de moyens français, la guerre au Yémen aurait eu lieu quand même. »
>
> Maurice Gourdault-Montagne,
> ancien secrétaire général du Quai d'Orsay

Sur notre territoire, à quelques kilomètres de notre domicile ou de notre lieu de vacances, sont formés les soldats de MBS. Ceux qui, de près ou de loin, sont, ont été ou seront aux manettes du conflit yéménite, s'il tend à perdurer. Brest, Toulon, Saint-Cyr Coëtquidan, Draguignan, Bourges, Lanvéoc Poulmic, Paris, Concarneau, Dax, Tours, Bordeaux, Commercy, Salon-de-Provence, Chaumont, Saint-Mandrier : autant de villes où l'on a entendu le bruit de bottes saoudiennes ces dernières années.

C'est le versant oublié du business des armes : les formations. Elles sont comprises dans le packaging lors d'une vente d'armes. Il s'agit en quelque sorte du service après-vente, indispensable pour savoir manier le matériel de guerre. Ce marché représente désormais plus de 50 % des commandes. Il dépasse les revenus de la vente et de l'exportation.

Ces formations sont réalisées par des instructeurs français issus de sociétés militaires privées (SMP), d'entreprises d'armement, ou directement de l'armée.

Le plus souvent, ils sont recrutés au sein de DCI (Défense conseil international), une société militaire privée dont l'État est actionnaire à 55 %. Pour former les pays amis de la France, dont les pays du Golfe, Arabie saoudite en tête, DCI « fait appel à des réservistes ou à d'anciens militaires », m'explique par téléphone le général Christophe Gomart, ancien directeur du renseignement militaire et commandant des Forces spéciales. « Dans ce cadre-là, c'est soit de la formation de base, soit de la formation plus évoluée. Cela porte sur comment on commande une compagnie ou une section sur le terrain par exemple », me détaille ce proche de Jean-Yves Le Drian.

Le site de DCI indique pudiquement que la Cofras (le nom d'alors pour la branche formation de l'armée de terre) accompagnait « un contrat de fourniture de chars à un pays du Moyen-Orient ». En langage décodé, cela signifie qu'elle avait la charge de former les forces saoudiennes au maniement de chars vendus à l'armée de terre de la monarchie. Dans les années 1990, l'entreprise a aussi eu la responsabilité de former les soldats des Émirats arabes unis à l'utilisation de chars Leclerc une fois livrés. Les mêmes utilisés dans la guerre contre les Houthis. Airco, la branche formation de l'armée de l'air, a quant à elle entraîné les troupes sur les Mirage 2000, tandis que Navfco, la branche de la Marine, avait par exemple la charge des programmes Sawari I et II, vendus en 1980 et en 1994.

DCI existe sous ce nom depuis 2000 lorsqu'elle a réuni les trois corps de l'armée. Mais elle a en réalité été spécialement fondée en 1972 pour former les troupes saoudiennes. Son site internet le mentionnait fièrement jusqu'en 2020. Entre-temps, des enquêtes journalistiques ont mis DCI sur le devant de la scène et ont dénoncé ces formations, notamment une réalisée à Draguignan, dans le sud-est de la France. Elle avait pour objectif d'apprendre à des officiers supérieurs saoudiens à se servir des canons Caesar vendus par Nexter, ces obusiers à longue portée disposés à la frontière saoudienne en direction du Yémen. Les mêmes mentionnés dans la note de la Direction du renseignement militaire (DRM), qui, en 2018, s'inquiétait des tirs imprécis pouvant donner lieu à des pertes civiles importantes. Ceux qui sont particulièrement affectionnés par l'armée ukrainienne depuis l'agression de leur pays par la Russie le 24 février 2022.

Dans son centre international de formation, « l'école d'artillerie de Draguignan délègue à DCI des instructeurs militaires de très haut niveau, chargés de la formation militaire des équipages », m'indique Max, ancien instructeur à l'usage technique des canons Caesar. DCI offre ainsi un training complet au personnel de la Garde nationale saoudienne (SANG), l'équivalent d'une armée chargée d'assurer la sécurité intérieure du royaume et composée de 80 000 hommes. Les soldats sont formés au système informatisé de commandement et de tir Atlas, primordial dans l'automatisation de la guerre d'artillerie, mais aussi et surtout le système utilisé par les canons Caesar. « Des démonstrations sont faites sur le sol français avant de transférer les compétences en Arabie saoudite, m'explique Max. Tout ce qui est opérationnel se fait ensuite à Riyad, encadré par les Français. J'ai formé environ 140 soldats à la mise en œuvre des équipements Caesar. Bien sûr je savais que je formais des hommes qui seraient ensuite déployés au Yémen », confirme-t-il.

Lui travaillait pour ISD, une sorte d'agence d'intérim pour spécialistes de l'armement, très souvent issus de l'armée française. « Lorsque les personnels de Nexter font valoir leur droit de retrait, développe Max, il faut trouver des plans B, donc les intérimaires d'ISD. C'est comme ça que ça fonctionne. Et quand ça barde vraiment, on crée une succursale à Jersey ou aux Bahamas, pour éviter que ces grands groupes industriels ne mouillent l'État français de trop près. C'est une intervention indirecte de la France qui nous autorise à nous salir les mains sans qu'elle puisse être directement mise en cause. »

DCI se prévaut du label « Formations armées françaises ». Elle est présentée comme « l'opérateur de référence du ministère des Armées pour le transfert du savoir-faire militaire français à l'international au profit des forces armées de pays amis de la France ». Enfin, jusqu'en 2020. Depuis, le site officiel de la société s'est refait une beauté. Oubliez les photos de jeunes soldats saoudiens en une du site, place aux militaires français. DCI ne présente plus l'Arabie saoudite comme un « pays ami ». On privilégie la sobriété. Désormais, on parle de « partenaires ». Et on avance l'argument du rayonnement international de la France pour justifier ces formations. On nous explique qu'elles permettent de constituer un réseau de futures élites militaires francophiles avec qui la coopération sera facilitée. Mieux, on garantit que « la formation des cadets étrangers à la langue française ainsi que l'accueil de nombreux stagiaires dans les centres du groupe DCI en France permettent également de renforcer la francophonie dans le monde ». Autant d'éléments de langage que je vais entendre tout au long de mon enquête.

Reste que le fond est toujours le même. L'entreprise entraîne les militaires saoudiens au maniement d'armes : des pilotes d'hélicoptères dans l'école d'aviation légère de l'armée de terre, à Dax ; des pilotes de drones au 61e régiment d'artillerie de Chaumont. Elle accompagne l'équipage d'une frégate saoudienne pour la préparation et le bon déroulement de tirs de missiles au large de Toulon. Elle déploie aussi à Concarneau l'*Almak*, un navire école de guerre qui forme uniquement des stagiaires d'Arabie saoudite, des Émirats arabes unis, de l'Égypte et du Qatar.

Autant de pays membres de la coalition menée par Riyad lors du déclenchement du conflit au Yémen en 2015.

DCI offre aussi toute une palette de prestations académiques ou opérationnelles aux troupes saoudiennes. Des apprentissages complémentaires de haut niveau, des masters à destination d'officiers accomplis. Des stages au contre-terrorisme maritime, à la guerre électronique, à l'utilisation de jumelles de vision nocturne, à des opérations de recherche et de sauvetage de combat.

Fin 2018, des officiers de la Royal Saudi Air Force (RSAF) suivent une formation d'analyste-image à l'École de guerre. Des modules élaborés avec la Direction du renseignement militaire (DRM) comprenant analyses techniques, reconnaissance, interprétation de sites, exercices de synthèse et mises en condition opérationnelle. Un programme confidentiel qui s'est déroulé dans le 7e arrondissement de Paris, au sein de l'École militaire. Cet établissement de formation d'officiers supérieurs des forces armées a pour vocation de préparer les plus hauts gradés et les commandants à assumer des responsabilités d'état-major et de commandement.

Grâce à ces prestations, DCI a réalisé un chiffre d'affaires de 232 millions d'euros en 2020.

Combien de soldats ont-ils été formés en tout ? Le chiffre est difficilement quantifiable vu les contours confidentiels des accords étatiques passés entre les deux pays. Un document interne à DCI affirmait en 2016 que depuis les années 1990, la société avait entraîné plusieurs centaines de hauts gradés saoudiens de la Marine. Combien parmi eux sont-ils en poste actuellement et assurent le blocage du port d'Hodeïda ? L'entreprise ne le dira pas. Elle n'a pas répondu à ma demande d'interview. Il faut dire que ce n'est pas une mince affaire d'entrer en contact avec l'industrie de l'armement. Au standard du groupe DCI, les standardistes ne sont pas autorisés à donner l'adresse mail des chargés de communication, ni le courriel du service, et encore moins le nom des personnes y travaillant. C'est une forteresse bien gardée.

Reste que l'un des hauts gradés saoudiens passés par la France est le père de Loujain al-Hathloul, militante féministe emprisonnée durant 1 001 jours, torturée et condamnée au silence pour avoir réclamé le droit de conduire pour les femmes.

En 1995, alors que Loujain a tout juste 6 ans, son père est affecté à Toulon pour un projet de coopération avec notre armée française. Grâce à cela, ses filles sont parfaitement francophones. Elles sont le pur produit de ce qui permet à la France « de renforcer la francophonie dans le monde », comme le considère DCI. D'ailleurs, Loujain al-Hathloul a étudié la littérature française à Vancouver et a effectué un master de sociologie à l'antenne de la Sorbonne à Abu Dhabi. Mais les autorités françaises sont restées complètement aphones lorsque MBS décide de l'emprisonner en 2018.

Paris fait aussi entrer les Saoudiens dans nos meilleures écoles militaires. Une aubaine à en croire Maurice

Gourdault-Montagne, ancien secrétaire général du Quai d'Orsay de 2017 à 2019, et ancien proche conseiller de Jacques Chirac. Attablé à l'intérieur du Café Tourville – haut lieu de rendez-vous pour les militaires, où l'on pénètre par une porte habillée d'épais rideaux opaques –, Maurice Gourdault-Montagne m'explique qu'ils seraient « environ 250 à être passés par Saint-Cyr depuis les années 1990 ».

« Tous les ans, il y a plusieurs Saoudiens qui deviennent saint-cyriens. Ce sont des relais incroyables. Ils parlent français comme vous et moi, l'un d'eux est aujourd'hui président d'un grand groupe français sur place. C'est ça, la politique d'influence. Grâce à Saint-Cyr, on a des types qui ne sont pas tous dans l'armée, mais aussi dans des milieux civils : certains sont dans des services de sécurité des ministères, auprès du prince, dans des grands groupes français là-bas dont ils sont les CEO locaux. C'est très important. Pourquoi ? Parce que ça veut dire que les choix de matériel, les choix d'investissements, les achats et le suivi se font avec des gens qui nous connaissent.

— N'est-ce pas problématique aujourd'hui, avec la guerre au Yémen, que l'on forme encore en France des soldats saoudiens ?

— C'est une question d'une naïveté totalement affligeante. Les pays ont besoin d'un encadrement. On a sans doute, parmi ces gens formés comme nous, des personnes responsables qui connaissent le droit international, qui ne sont pas des "pur jus". Ces gens que nous avons formés se sont frottés à une culture différente. Il est possible que ces anciens officiers soient dans l'encadrement qui est actuellement en action au Yémen, mais ça, c'est une affaire de guerre entre l'Arabie saoudite et le Yémen.

— La France n'a pas une certaine responsabilité dans ce conflit selon vous ?

— À partir du moment où il y aurait du matériel français, oui, il y a une part de responsabilité de la France. Jusqu'à un certain point. Mais si ce n'est pas nous qui sommes là, enfin c'est ce qu'on dit à chaque fois, ce serait les autres…

— Mais ça a été prouvé que les armes françaises sont sur le terrain.

— Je ne sais pas, oui peut-être. Moi je trouve que ça ne veut pas dire grand-chose. À partir du moment où on a formé des hommes, le principal c'est qu'on sait que ce ne sont pas des guerriers qui sont en train de couper des têtes sur un cheval. Ils sont engagés dans un autre type de conflit. Un conflit de toute façon, c'est moche. »

Parmi ceux ayant bénéficié du savoir-faire militaire français dispensé à Saint-Cyr, le général al-Assiri. Son nom ne vous dit probablement pas grand-chose. Il est pourtant une figure centrale en Arabie saoudite.

Il fut chargé de l'opération Tempête décisive lancée le 25 mars 2015, au premier jour de l'offensive au Yémen. Il fut aussi porte-parole de la coalition militaire. Il avait la tâche d'informer la population, via la télévision nationale, de la progression des troupes saoudiennes au début du conflit. Il annonçait d'ailleurs en avril 2015, dans un entretien exclusif à France 24 depuis Riyad, la fin de l'opération Tempête décisive, un succès selon lui, remplacée par la mission Restaurer l'espoir, au Yémen, et dont le but, indiquait-il, était de protéger la population et de faciliter l'aide humanitaire au sein du pays.

À sa nomination, MBS a toute confiance en lui. Il en a fait l'un de ses plus proches conseillers, un des membres de son service de protection. Ahmed al-Assiri assiste régulièrement aux réunions à huis clos du prince héritier avec des dignitaires étrangers en visite dans le royaume. Le général al-Assiri, m'apprend un fin connaisseur des tractations politiques qui se déroulent en haut lieu, « c'est l'homme qui assurait la relation entre la France et l'Arabie saoudite. Il a fait toutes les semaines des allers-retours entre Paris et Riyad pour rencontrer les collaborateurs de Jean-Yves Le Drian : Pierre Poulizac, Bernard Loth, Bruno Gruselle, Cédric Lewandowski, liste-t-il. Le montage de Donas, c'est lui. C'est avec lui que Le Drian a dealé. Ils négociaient en direct du temps de la belle époque des juteux contrats militaires. Tout passait par lui, comme il était francophone ».

À l'étranger, le général, aujourd'hui âgé de 70 ans, a acquis la réputation de harceler les journalistes dont les articles dénoncent les bavures saoudiennes dans la guerre menée au Yémen. Mais c'est pour une tout autre raison qu'il a été récemment mis de côté par MBS, et a dû se retirer des projecteurs. Il aurait été le chef du commando ayant commandité l'assassinat du journaliste Jamal Khashoggi dans le consulat saoudien à Istanbul en 2018. À cette date, il était le numéro deux des services de renseignements saoudiens, l'Al-Mukhabarat al-Aamah. Il devait faire partie des cinq condamnés à mort dans ce que l'ancienne rapporteure spéciale de l'ONU, Agnès Callamard, qualifia de « parodie de procès » et « d'antithèse de justice ». Il a été acquitté pour « absence de preuves ».

En France, en avril 2021, il est visé par une procédure judiciaire pour torture à l'encontre de Jamal Khashoggi. L'ONG Gulf Centre for Human Rights (GCHR) a porté plainte contre le général pour sa responsabilité présumée dans les sévices physiques et psychologiques infligés au journaliste avant son assassinat. Ahmed al-Assiri « est probablement présent en France ou y vient très souvent selon nos informations, m'explique l'avocat de l'ONG, Me William Bourdon. Or, c'est une obligation forte de la France d'intercepter quiconque est suspecté de crimes internationaux – dans le cas présent, avoir commis des faits de torture –, s'il se rend sur notre territoire ». La plainte a été classée sans suite par le parquet national antiterroriste de Paris, ce qui, pour Me Bourdon, n'est pas vraiment une surprise. « Pour le dire clairement, cette décision s'inscrit dans le cadre d'une volonté politique des autorités françaises de s'abstenir de respecter ses obligations pour ne pas troubler les relations diplomatiques et économiques avec l'Arabie saoudite. »

*

Les officiers et cadres militaires ne sont pas les seuls à être pris sous l'aile de DCI dans l'Hexagone. Sont aussi accueillis :

les soldats en devenir. Ceux qui ne le sont pas encore mais qui s'y prédestinent. Pour eux, Paris a mis en place des classes préparatoires sur mesure afin de leur permettre de rejoindre ensuite les rangs de nos institutions militaires les plus réputées. C'est dans le domaine naval que l'on compte le plus de Saoudiens à avoir suivi ou à suivre ce cursus personnalisé. Et cette formation est dispensée à l'abri des regards.

Mars 2021 :

« J'ai regardé votre profil sur Internet avant votre appel… vous n'avez pas… vous avez un profil… Comment dire… bredouille, à l'autre bout du fil, Éric Frison, chef d'opération de DCI à Bordeaux en charge des élèves saoudiens. Votre background, votre profil de féministe… me limite dans mes commentaires, me dit-il. Moi aujourd'hui, marmonne Éric Frison, je travaille avec un pays du Moyen-Orient où la condition de la femme n'est peut-être pas considérée comme la plus ouverte. Donc par rapport à votre profil, vous voyez… Vu le pays avec lequel je travaille actuellement…

— C'est-à-dire ?

— Ben c'est un pays… Comment vous dire ça sans vous donner le nom… C'est un pays qui actuellement n'est pas très copain avec les États-Unis suite à une affaire en Turquie.

— Donc c'est l'Arabie saoudite ?

— Ça peut être celui-là, oui…

— Pourquoi ne peut-on pas dire que c'est l'Arabie saoudite ?

— L'objectif, c'est pas de cacher. Les gens ici, ils sont déclarés, ils bossent avec l'Éducation nationale, y a pas de souci. Mais l'idée, c'est pas non plus de promouvoir quelque chose qui pourrait inciter une certaine partie de la population, ou en tout cas des journalistes et certaines associations, à émettre un avis. »

De fait, on est en droit de se poser quelques questions. Que vient faire le ministère de l'Éducation nationale dans cette histoire ?

Mais d'abord, « les gens ici », qui sont-ils ?

Des apprentis soldats, ou « cadets » comme les surnomme DCI, voués à rester sept ans sur le territoire français. « Ils ont passé une évaluation nationale dans leur pays pour être dirigés vers des spécialités dans l'armée », explique Mathieu, un ancien formateur de l'une des prépas créées pour les Saoudiens, tenu à l'anonymat en raison d'une clause de confidentialité stipulée dans son contrat de travail. « Nos élèves étaient destinés à la marine. » Leur parcours tout tracé se résume ainsi :

Prépa (2 ans) -> IUT (2 ans) -> l'ENSTA (École nationale supérieure de techniques avancées) ou l'École navale de Lanvéoc Poulmic, dans le Finistère (3 ans), ou éventuellement l'ESM (l'École spéciale militaire) de Saint-Cyr Coëtquidan, la crème de la crème des guerriers.

L'ENSTA, établissement placé sous tutelle de la Direction générale de l'armement (DGA), est administré par Bruno Gruselle, l'ancien proche collaborateur de Jean-Yves Le Drian lorsque ce dernier était au ministère de la Défense sous le quinquennat Hollande. Lui-même ingénieur de formation, il est l'un des artisans de la stratégie de vente d'armes de l'ancien ministre des Affaires étrangères. C'est avec lui qu'ont été réalisés les records de ventes d'armes.

Les deux premières années, les cadets saoudiens sont biberonnés au français, aux maths et aux matières scientifiques. Une formation intense pour tâcher de les mettre à niveau en vue d'obtenir un DAEU, l'équivalent du bac pour les adultes souhaitant reprendre des études supérieures. Nom du programme ? Sagema, pour Saudi Grandes Écoles Marine, jusqu'en 2015. Depuis, le nom de code a changé. On parle désormais de NEP-S et de CSEN-S, pour Naval Engineering Program, et Cours spécial de l'École navale.

Afin de fournir ces formations, DCI a établi un partenariat avec le Greta, le service public de la formation continue pour adultes. C'est l'organisme du ministère de l'Éducation nationale qui permet à des salariés ou à des personnes majeures de se former à un métier. Via le Greta, DCI recrute et finance les formateurs des élèves saoudiens. Des professeurs qui n'ont pas le statut officiel d'enseignant. Cynthia avait ainsi postulé à ce poste suite à une annonce publiée par Pôle emploi.

Ces prépas ont vu le jour au début des années 1990. D'abord à Cherbourg, et à partir de 2016, période qui correspond à l'intensification de la guerre au Yémen, à Tours et à Bordeaux-Mérignac, où un plus grand nombre d'élèves a pu être accueilli. D'une promotion d'une quinzaine d'étudiants, tous âgés au minimum de 18 ans, on est passé à deux, voire trois promotions à partir de 2016. Selon un dossier de presse daté de cette année-là, DCI a instruit plus de 300 ingénieurs saoudiens par le biais de ce programme depuis sa création. En 2019, les futurs militaires ont déménagé vers Salon-de-Provence. Dans cette ville, DCI préparait déjà en 2017 « dans son Centre international de formation académique et aéronautique (CIF-AA) 16 cadets saoudiens (deux promotions de 8 stagiaires) à l'entrée dans les écoles d'officier françaises, où ils suivront la même formation que celle des élèves officiers français. Une formation qui s'inscrit dans le cadre de la coopération de Défense voulue par les deux pays », indiquait l'entreprise sur son site internet. La page a aujourd'hui disparu.

À Tours, « les élèves étaient destinés à faire partie du personnel navigant dans la marine sur les frégates qu'on vend à l'Arabie saoudite », m'explique Philippe, un ancien membre du personnel encadrant qui tient à conserver l'anonymat. « Ces formations, pour les Saoudiens, c'était la promesse, une fois rentrés à Riyad, d'accéder à tel ou tel poste à responsabilité dans l'armée. »

À en croire Marie-Anne Daniaud, responsable pédagogique du projet DCI au Greta Val de Loire, le plus grand Greta de France, « les autorités saoudiennes souhaitaient ouvrir plus largement les Saoudiens à la culture française. Ils voulaient qu'ils aient une expérience d'intégration et de partage avec des lycéens français. On a été séduits par l'aspect recherche d'acculturation », m'assure-t-elle d'emblée. « Les Saoudiens voulaient une ville qui ne soit pas trop connotée islamo… enfin, avec une communauté musulmane pas trop importante, énonce-t-elle. Ils cherchaient un endroit où on parlait un français sans accent. Tours étant le jardin de la France, on y parle un bon français. DCI voulait aussi que ce soit central et que Paris soit facilement accessible. Quand la société m'a contactée à l'été 2015, elle m'a indiqué que le programme qui avait eu lieu à Cherbourg, pendant des années, avait montré que certaines des élites d'aujourd'hui en Arabie saoudite étaient plus tolérantes, plus modérées et que l'idée était d'ouvrir ces jeunes à la culture française pour contrer les extrémistes de leur pays », détaille-t-elle.

Un moyen de renforcer la francophonie dans le monde, en somme.

En région Centre-Val de Loire, les élèves saoudiens peuvent ainsi goûter « à la vie à l'occidentale », comme me l'explique la responsable du centre. Mais pas trop non plus.

Pas de virées en boîte de nuit, pas de week-ends entre copains aux quatre coins de la France. Tout juste peuvent-ils savourer les joies de la montagne lors de séjours organisés par DCI à Méribel ou à Val Thorens.

Au sein du lycée Marcel-Dassault à Mérignac, et des lycées Grandmont et Vaucanson de Tours, où des locaux ont été mis à disposition de DCI à partir de 2016, les élèves ont un rythme intensif de 35 heures de cours par semaine. Quand ils ne sont pas sur les bancs de l'école, ils bénéficient de sorties chez les industriels français de la Défense. Visite de l'*Almak* – le navire-école créé spécialement pour « les pays amis de la France » –, visite de l'École navale de Brest ou encore visite à Bordeaux entre les stagiaires des différentes promotions.

Au cours des deux années de « prépa », les futurs soldats sont encadrés dans chacun de leurs pas par les référents de DCI. Ces anciens militaires, reconvertis en nounous cinq étoiles, les amènent chez le médecin, louent leur logement, les aident pour les tâches administratives et domestiques, ou servent de chauffeur. « Les responsables de DCI venaient chercher les élèves au lycée en camionnette au début, quand les élèves étaient assez peu autonomes, explique Mathieu. Dans un premier temps, ils étaient logés et nourris à une base militaire, puis ils étaient accueillis par des familles françaises, dans l'idée d'être en interaction avec les mœurs françaises. »

Pour se faire, à Tours, selon un ancien formateur, l'un des encadrants de DCI « a directement fait marcher son réseau via le diocèse pour placer ces jeunes saoudiens dans des hôtels particuliers de la ville ».

À Bordeaux, trouver une famille d'accueil à ces jeunes militaires a, semble-t-il, été plus compliqué à en croire Andrée, qui a hébergé plusieurs cadets chez elle. Six au total, deux simultanément pendant trois années scolaires, pour environ 1 000 euros par mois par étudiant. « Ils alternaient la formation intense au lycée, où ils dormaient à la base militaire, et l'immersion en famille, se souvient l'accueillante. Je les avais au maximum quatre ou cinq mois dans l'année. C'étaient des gens très attachants, peu importe qu'ils soient saoudiens ou pas, poursuit Andrée. Je n'ai jamais eu aucun problème avec eux. » Elle se désole d'avoir « vu une grande réticence de la part de beaucoup de gens pour les accueillir, comme on peut le comprendre. J'ai connu des personnes qui ne voulaient pas les héberger. Il y avait une crainte par rapport au terrorisme, à tout ça. DCI ne trouvait pas de familles d'accueil. C'est pour ça qu'ils m'ont demandé d'en prendre deux ». Elle poursuit :

« À l'origine, le contrat était avec l'Alliance française de Bordeaux. Les élèves apprenaient le français là-bas la première année. Pour une embrouille financière, il y a eu une interruption du contrat entre DCI et l'Alliance française. C'est à ce moment-là qu'Éric Frison (le chef d'opération de DCI à Bordeaux en charge des élèves saoudiens) m'a recontactée. Il est venu directement chez moi. Il essayait de recruter comme il pouvait. À l'Alliance française, on avait des réunions collectives sur place, mais là, il n'y en a pas eu avec les autres familles d'accueil, dit-elle. On ne se côtoyait pas entre nous. On se voyait à l'arrivée des étudiants à l'aéroport ou à la gare, puis à leur départ. »

Marie-Anne Daniaud reconnaît qu'au sein du lycée aussi, la venue des Saoudiens a posé question. « C'était la première fois qu'on était approchés pour ce type de formation, m'explique-t-elle. On a pour mission de former des adultes français, là on sortait totalement du cadre. On s'est demandé si la volonté des autorités saoudiennes était bien celle avancée. Quand on sait ce qu'il se passe dans ces pays-là, on se questionne : est-ce qu'on ne pactise pas entre guillemets avec le diable ? rit-elle. À un moment où on est préoccupés par des actes terroristes graves, où l'on sait que la politique de l'Arabie saoudite n'est pas "claire claire", c'était un peu notre bataille de faire comprendre à ces jeunes l'intérêt de la laïcité, du respect, de la foi. » La fonctionnaire du Greta certifie qu'il y a seulement eu « des questions de certains professeurs qui voyaient d'un très mauvais oeil l'intégration de cette classe et de nos équipes. Ce n'était pas tant le fait que ce soit des Saoudiens, mais plus que des gens viennent dans leur établissement », promet-elle.

Des « gens », en l'occurrence des futurs et anciens militaires.

En dehors des étudiants saoudiens présents dans les locaux des lycées, les encadrants de DCI, dont un ancien officier de la Marine française, « avaient un pass que le lycée Vaucanson leur avait donné. Ils y rentraient comme ils voulaient, sans passer par l'accueil », se rappelle, encore ahuri, Mathieu, l'ancien formateur. Un fait attesté par Marie-Anne Daniaud, qui assure ne pas avoir fait entrer dans cet établissement public pour mineurs, des militaires et des salariés d'une entreprise militaire, « sans que les personnes de l'Assemblée générale du Greta n'en soient avisées, ni sans l'accord des chefs d'établissement ». L'un d'eux, Gilles Zadem, a d'ailleurs la double casquette de proviseur du lycée Grandmont et de président du Greta Val de Loire au moment du contrat avec DCI.

Combien la venue des militaires saoudiens a-t-elle rapporté au Greta ? « Je serais incapable de vous dire le vrai montant là comme ça. Je ne suis pas une femme d'argent, jure Marie-Anne Daniaud. On était aux alentours de 150 000 euros annuels environ. » Et combien reversé aux lycées ? La fonctionnaire estime que ce n'est pas à elle de répondre à cette question. L'ancien proviseur et ancien président du Greta Val de Loire Gilles Zadem, désormais à la retraite, n'a pas donné suite à ma demande d'interview. « On nous a vraiment fait comprendre que c'était du lourd, ils n'avaient jamais eu ça au Greta, certifie pour sa part l'ancien formateur. On pouvait leur demander ce qu'on veut en termes de matériel, c'était no limit au vu du contexte militaire et des sommes en jeu. » Des sommes non négligeables pour les établissements du secondaire et du supérieur au vu de leur manque de moyens.

DCI a en sus versé chaque année environ 100 000 euros à l'Université polytechnique Hauts-de-France à Valenciennes. Pour quelle raison ? C'est l'autre particularité de cette formation sur mesure créée par DCI. Pour valider les acquis des élèves, l'entreprise a missionné l'Université afin de créer un diplôme d'accès aux études universitaires (DAEU) pour les militaires saoudiens en devenir. « DCI rémunérait l'université pour qu'elle fabrique du contrôle continu et du contrôle terminal qui validerait ce DAEU spécifique aux Saoudiens », explique Mathieu, ancien formateur. Philippe, ancien encadrant, m'éclaire : « L'Université de Valenciennes était l'une des rares structures à proposer des formations modularisées, avec des modules indépendants les uns des autres, en particulier scientifiques. C'est ce qui permettait aux jeunes de pouvoir entrer ensuite à l'IUT de Brest qui là, n'était pas un diplôme aménagé. »

Pendant plus de vingt ans, l'Université de Valenciennes a délivré des diplômes aux cadets saoudiens. Philippe a évalué entre 150 et 200 élèves saoudiens en dix ans, avant que le partenariat entre DCI et l'établissement secondaire ne prenne brutalement fin en 2018. L'Université de Bretagne Occidentale a pris le relais au pied levé. « Les formateurs étaient sur un siège éjectable, m'explique cet ancien responsable pédagogique. Si ça se passait mal avec les cadets, ils pouvaient avoir la tête du formateur. Ça remontait en Arabie saoudite, ça redescendait chez DCI, puis au Greta, et la personne était virée », se souvient Philippe.

*

Qu'en est-il des résultats concrets des différentes formations que dispense la France à l'Arabie saoudite ? Nos autorités ont beau assurer exercer un contrôle des exportations des matériels de guerre « strict, transparent et responsable », dont les formations font partie depuis 2017, une fois sur le terrain, la réalité est bien différente.

*

L'armée saoudienne n'est pas performante, ce n'est un secret pour personne. MBS a beau effectuer des dépenses astronomiques en achat d'armement – les dépenses militaires s'élèvent à 67,6 milliards de dollars pour la seule année 2018, soit 8,8 % du PIB du pays, les plus importantes de la planète –, son armée reste une coquille vide. « Elle a certes plus de canons que l'armée française – environ 120, quand la France en a approximativement 60 – mais elle ne vaut rien », énonce une source de l'industrie. Au Yémen, les coordonnées des bombardements se révèlent rarement exactes, les systèmes de guidage laser sont mal calibrés, ce qui fait diverger les bombes de leurs cibles. « Les Saoudiens, par peur et du fait d'une mauvaise maîtrise du matériel, volent extrêmement haut », me décrypte une ancienne fonctionnaire de la Direction générale des relations internationales et de la stratégie du ministère de la Défense (DGRIS). « Quand ils lâchent leurs bombes, ça fait beaucoup plus de dégâts. Ces armes ne sont pas censées être utilisées de cette façon. Malgré toutes ces formations, les militaires saoudiens ne sont toujours pas au niveau. Ils n'utilisent pas le matériel de la bonne façon. Il y a eu des bavures pendant la guerre au Yémen du fait de cette mauvaise utilisation... Vous ouvrez là une boîte de Pandore. Ces militaires formés en France sur certains équipements sont censés former les autres soldats de retour en Arabie saoudite. C'est comme ça que ça devrait se passer. Or à ma connaissance, ça n'a jamais lieu de cette façon.

— Les Français ont-ils conscience de cela ?

— Au sein du ministère, on a l'espoir que cela va changer. »

Un expert du secteur me révèle pour sa part : « Un des responsables formateurs auprès des Forces spéciales en Arabie saoudite m'a confié : “Quand je vais en Arabie et que je vois le niveau des formations, j'ai honte. On a au moins dix ou vingt ans de retard sur les formations dispensées à notre armée.” »

En tant que nation formatrice, la France devrait s'assurer du bon apprentissage et de la bonne utilisation de ses armes par son client. Elle est d'ailleurs tenue, via DCI, de contrôler les effets des formations qu'elle dispense et de mettre fin aux relations commerciales qui pourraient porter atteinte aux droits de l'homme.

Mais là encore, le cynisme français n'est pas en reste. « Les autorités saoudiennes ont la responsabilité de leur flotte de guerre », se dédouanait en 2019 le ministre des Affaires étrangères d'alors, Jean-Yves Le Drian. Ce qu'atteste le général Christophe Gomart. « Nous ne sommes pas responsables de ce que font les Saoudiens, réprouve-t-il lors de notre entretien téléphonique. Nous, on apprend à faire la guerre selon les lois internationales. Après, que les Saoudiens utilisent mal les armes qui leur sont vendues par la France, c'est un problème saoudien… »

3. *Petits arrangements entre amis*

> « Je ne suis pas en mesure d'interdire la guerre dans le monde. Moi, j'ai envoyé, comme ministre de la Défense, l'armée française bombarder les troupes de Kadhafi. Je ne porterai pas de jugement, mais on a quand même pris un marteau-pilon pour écraser quelques fourmis. »
>
> Gérard LONGUET, ancien ministre de la Défense

Commercy, petite bourgade de 6 000 âmes dans le département de la Meuse. Ses madeleines, son château Stanislas, qui fait la fierté de la région, et ses soldats saoudiens…

Bienvenue en région Grand Est, là où tout a été mis en œuvre pour recevoir, dans des conditions dignes d'un quatre étoiles, des militaires du royaume wahhabite.

Ici, la France a accueilli, à coups de subventions publiques et d'aides en tout genre, une entreprise d'armement belge chargée de former de hauts gradés saoudiens au maniement de tourelles-canons dont l'ancienne version est alors utilisée au Yémen. Notre pays l'a aidée à s'implanter sur un ancien site militaire français en vue d'ouvrir un centre de formation destiné tout spécialement aux troupes saoudiennes.

Tout commence en 2011. Le ministre de la Défense Gérard Longuet reçoit un coup de téléphone d'un de ses amis. Bernard Serin, PDG du groupe John Cockerill (ex-CMI), l'informe que son entreprise d'armement est bien placée pour décrocher un juteux contrat militaire avec un pays du Golfe. « C'est une longue et vieille affaire », me raconte Gérard Longuet, installé à l'hôtel de Brienne de 2011 à 2012. « Bernard Serin m'a dit : "J'aurai peut-être besoin d'un site pour accueillir des stagiaires sur du matériel militaire que j'ai l'intention de vendre. Mais il me faut la possibilité d'utiliser des terrains de manœuvres français pour essayer de vendre le matériel." Je l'ai branché sur le chef d'état-major de l'armée de terre, le général Ract-Madoux. Je lui ai dit de l'appeler. Le deal c'était : il rénove, il rachète le bâtiment pour en faire son centre de formation et, en contrepartie, l'armée de terre lui concède l'utilisation des terrains de manœuvres dans des conditions limitées, précises, financières. »

Grâce à l'entregent de Gérard Longuet, dès 2012, la société est assurée de pouvoir mener ses activités de tir réel sur ces terrains de manœuvres à Suippes, en Champagne. Ce n'est pas un hasard si ce camp militaire, l'un des plus grands de France – il s'étend sur environ

13 000 hectares –, a été choisi. Il accueille déjà des élèves de différentes nationalités pour quelques semaines ou quelques mois, mais surtout, il est situé à une petite heure de route de Commercy.

Sur les deux sites, il est prévu de former, d'abord en théorie, sur simulateurs, puis en pratique, sur terrain de manœuvres, des militaires saoudiens au maniement de la dernière version de tourelles de chars Cockerill.

Ancien président du conseil régional de Lorraine, ancien député et actuel sénateur LR (Les Républicains) de la Meuse, Gérard Longuet ferait tout pour son fief, me certifient d'anciens et d'actuels élus locaux. Sur ses terres du Grand Est, il a déjà bataillé pour l'installation, à la fin des années 1990, d'un projet controversé d'enfouissement de déchets nucléaires sur la commune de Bure, voisine de Commercy. Il ne rechigne sur rien pour valoriser sa région, m'assure-t-on. Dans cette logique, il reconnaît volontiers avoir œuvré pour que l'entreprise John Cockerill, détenue à 80 % par son ami de vingt-cinq ans Bernard Serin, puisse s'implanter sur son territoire. Il ne s'en cache pas. Il est fier d'avoir participé à la reconversion du bassin de Commercy, « un projet pour lequel je me suis personnellement beaucoup impliqué », déclarait-il lors d'un débat public le 25 juin 2013 : « Là encore, les relations que je nouais en Lorraine et au ministère de la Défense ont été décisives. »

Lors de notre entretien téléphonique, Gérard Longuet assume pleinement avoir joué un rôle crucial dans ce dossier : « Je vous le dis pour qu'il n'y ait aucune ambiguïté.

Si jamais mes relations avec des industriels de ce secteur me permettaient d'ouvrir une porte au bénéfice de la Meuse, je le ferais immédiatement. »

Gérard Longuet a une stature nationale. Membre du parti républicain depuis 1978, il en fut le trésorier de 1982 à 1988, puis le secrétaire général de 1988 à 1990, avant d'en être le président de 1990 à 1995. À cette époque, il est également ministre de l'Industrie. À ce titre, il accompagne en 1994 François Léotard, ministre de la Défense, un autre ami de longue date, à Riyad en vue de signer le contrat Sawari II. C'est d'ailleurs sa femme, l'avocate d'affaires Brigitte Longuet, qui défendra François Léotard en 2021 dans le procès portant sur le volet financier de l'affaire Karachi et sur laquelle plane l'ombre des Saoudiens. L'ancien ministre de la Défense est accusé d'avoir mis en place un système de rétrocommissions illégales sur les contrats Sawari II et Agosta. Il fut condamné par la Cour de justice de la République (CJR) à deux ans de prison avec sursis pour complicité d'abus de biens sociaux. François Léotard a déposé début 2022 une requête devant la Cour européenne des droits de l'homme (CEDH).

À Commercy, tout s'officialise en 2014 lorsque, après des années de tractation, l'Arabie saoudite et la branche canadienne d'armement de General Dynamics Land Systems (GDLS), le plus gros industriel dans le domaine de la Défense, signent une alliance. Le canadien délègue alors la sous-traitance à Cockerill. Celle-ci est chargée de livrer environ 700 tourelles-canons pour équiper les 928 véhicules blindés légers canadiens envoyés à Riyad. Le « contrat du siècle », se vante le groupe belge, qui empoche 4,5 milliards d'euros.

En plus d'assurer pendant sept ans la livraison des tourelles-canons, le contrat comprend la fourniture d'un système de simulation créé tout spécialement pour l'occasion, et la formation à ses véhicules blindés, dont les anciennes versions ont été déployées au Yémen.

Au programme : instruction des tireurs, des pilotes et des mécaniciens au maniement de sa tourelle et de son système d'armes. D'une capacité de 120 stagiaires, le campus Cockerill doit accueillir ces soldats à partir de 2017 et pour sept ans au moins. Une formation censée s'étaler chaque année sur six à neuf mois.

En 2015, CMI Defence, la filiale défense de l'ancien nom de Cockerill, signe un accord-cadre avec le ministère français de la Défense, qui lui donne accès aux champs de tir de Suippes, en Champagne. La société est ainsi autorisée à y mener ses activités de tir réel. Elle loue en quelque sorte le terrain à l'armée française. Du jamais vu. Aucune entreprise d'armement, non française de surcroît, n'avait eu ce privilège.

Tous les dirigeants célèbrent la bonne nouvelle : Michel Dorandeu, directeur du centre de formation Commercy-Suippes de Cockerill, également directeur de John Cockerill Defense, ancien colonel de l'armée de terre française et chef de département stratégie au ministère de la Défense jusqu'en 2014, année de sa prise de fonction chez la firme belge. Mais aussi Carole Ruhland, directrice générale de Campus Cockerill SAS, depuis reconvertie dans la vente de chalets et d'appartements neufs en Savoie et Haute-Savoie. Une reconversion qui a lieu en octobre 2020, trois mois après la parution initiale de mon enquête portant sur le centre d'entraînement militaire de Commercy.

À l'époque, j'ai contacté à plusieurs reprises Carole Ruhland pour obtenir un entretien. En vain. Elle m'a renvoyée vers les services de l'État, plus précisément vers la Délégation à l'accompagnement régional (DAR) du ministère des Armées. La DAR a financé l'implantation d'entreprises, dont Cockerill, sur le terrain où se trouve actuellement le camp d'entraînement des Saoudiens.

Jusque-là, le site était occupé par le 8e régiment d'artillerie (RA), installé dans la cité meusienne depuis 1964. La dissolution du régiment de Commercy, dans la région, on en parle depuis des années. Tous la redoutent. C'est la conséquence de la réforme de restructuration des armées voulue par Jacques Chirac et appliquée par Nicolas Sarkozy en 2008. Au total, 54 000 postes militaires sont supprimés sur tout le territoire français.

Gérard Longuet sait qu'il ne reste plus beaucoup de temps aux soldats du quartier militaire Oudinot. Les plus médisants sont même convaincus qu'il a précipité la disparition du site. Lui dit seulement « avoir accéléré » la signature du contrat de développement économique (CDE). C'est le plan d'aide relevant du ministère de la Défense, mis en place par le préfet de région, prévu pour compenser la perte des 849 emplois entraînée par le départ des troupes françaises. Il comporte une enveloppe budgétaire de 225 millions d'euros partagés entre une trentaine de sites en France, dont Commercy.

Avec le retrait des soldats, la commune va être touchée de plein fouet et perdre environ 14 % de sa population totale. Elle se voit alors recevoir 25 millions d'euros, dont 57 % des financements assurés par l'État. « Le seul contrat de ce type signé dans le cadre du plan de restructuration des armées », garantit à l'époque George Pau-Langevin, ancienne ministre déléguée au ministère de l'Éducation nationale lors d'une intervention au Sénat en novembre 2012. « L'effort budgétaire consenti par l'État est exceptionnel. Il s'élève à 14,5 millions d'euros. » Le 18 juillet 2011, le CDE est signé à Commercy en présence de Gérard Longuet. C'est par le biais de ce contrat que sont distribués les millions d'euros octroyés aux entreprises. Parmi les heureux gagnants ? Cockerill. L'entreprise d'armement reçoit un million d'euros grâce au CDE de Commercy, alors même que, selon la Cour des comptes, le plafond des aides est normalement fixé à 600 000 euros.

La personne qui pilotait alors le CDE était Carole Ruhland. De mai 2011 à janvier 2013, en tant que cheffe de projet, elle préparait et suivait, pour la préfecture de la Meuse, l'installation des entreprises bénéficiaires du CDE sur le bassin de Commercy.

Ce n'est pas le seul cadeau que l'entreprise belge se voit offrir par l'État français. Selon les termes du CDE,

Cockerill va également profiter d'une totale exonération fiscale et de cotisations sociales pendant trois ans, suivie d'une exonération partielle de deux ans, prise en charge par l'État. Mais aussi d'une exonération de cotisation foncière « pour les créations ou extensions d'établissements situés dans des périmètres de zone de restructuration de la défense (ZRD) », pour cinq ans. Le CDE offre également la possibilité à l'entreprise d'être exonérée de taxe foncière sur cinq ans ainsi que de cotisations patronales d'assurances sociales et d'allocations familiales pendant trois ans. Cockerill en a-t-elle bénéficié ? Ni le ministère des Armées, ni l'Urssaf, ni Cockerill n'ont voulu me le confirmer.

La firme d'armement s'est en tout cas vu octroyer au total 2 millions d'euros d'argent public. Les élus locaux, comme l'État, ont déroulé le tapis rouge pour la venue de l'entreprise. En plus des 1 million d'euros via le CDE, elle a pu obtenir de la part de la communauté de communes de Commercy un tarif attractif de 700 000 euros pour la reprise de l'ancien terrain militaire où s'entraîneront – à la place des troupes françaises – les troupes saoudiennes. Le prix de vente était initialement de 1,525 million d'euros. Elle a aussi reçu 761 435 euros de la part de l'établissement public groupement d'intérêt public (GIP) Objectif Meuse. Et 600 000 euros de la part du conseil régional de Lorraine.

Ce qui a de quoi agacer encore aujourd'hui Jacqueline Fontaine, ancienne élue Europe Écologie-Les Verts (EELV), qui dénonce que, dans le même temps, « on refusait une subvention de 50 000 euros pour une maison de santé pluridisciplinaire ». Elle n'a cessé de souligner les incohérences sur la façon dont cette subvention a été votée. « Quelques semaines avant le vote au conseil régional, j'avais assisté à la première présentation du dossier soumis par Cockerill. C'était en comité réduit, se souvient-elle. Le projet était très clair : l'entreprise sollicitait la région pour obtenir une aide afin de construire l'hébergement pour des militaires saoudiens, leur famille et une mosquée intégrée dans ce centre, afin de ne pas les mélanger à la population. Cockerill demandait alors 300 000 euros et surprise, lors du vote en assemblée plénière au conseil régional, on leur a royalement offert 600 000 euros ! » Une présentation qui, le jour du vote, « avait été bien édulcorée, se rappelle Jacqueline Fontaine. On parlait d'un centre qui proposait des formations internes à l'entreprise, des séminaires organisés par des entreprises locales ou des organismes publics, et des formations destinées aux clients de Cockerill. Nulle part il n'était fait mention des Saoudiens ».

Contacté, l'ancien président PS (Parti socialiste) du conseil régional de l'époque, Jean-Pierre Masseret, m'assure lui qu'il s'agissait d'« un dossier traité comme les autres ».

Pourtant, « dès le début, en 2014, les décideurs proches du dossier nous avaient demandé de ne pas parler de Saoudiens, mais de "clients" », m'explique Jean-Philippe Vautrin, élu commercien, ancien président de la communauté de communes.

Résultat : certains élus n'auraient tout simplement pas réellement su de quoi il s'agissait jusqu'au jour J. C'est le cas de Roger Tirlicien, ancien élu PCF de la région, qui m'affirme avoir « appris la présence des Saoudiens le jour du vote. Si je l'avais su avant, notre groupe aurait demandé le retrait du dossier pour l'étudier davantage », promet-il, lui qui s'est abstenu. Et d'ajouter, « en 2015, on savait qu'un centre de formation destiné à des militaires n'était pas neutre. Mais on n'était pas assuré d'alimenter une formation qui allait se retourner contre la démocratie en Arabie saoudite et au Yémen ».

Comme Jacqueline Fontaine, Brigitte Leblan, ancienne élue EELV de Lorraine, a voté contre la subvention en 2015. Encore aujourd'hui, elle regrette de « n'avoir pas demandé un recomptage des voix après la séance. Je ne suis même pas convaincue qu'il y ait eu un nombre suffisant car il y avait beaucoup d'absents et le dossier, avant d'être présenté en session plénière, avait reçu un avis défavorable de la Commission développement économique dont je faisais partie ». Lors du vote le 2 octobre, Brigitte Leblan le stipule d'ailleurs au vice-président du conseil régional Thibaut Villemin, qui préside la séance. « Je voudrais ajouter que, par rapport au compte rendu de commission, il me semble qu'il y a une erreur, parce que l'avis n'était pas favorable à la majorité. À moins que la voix du président ne compte double ? » questionne-t-elle lors de cette séance filmée. « Non, non. Vous avez raison », lui répond Thibaut Villemin, avant d'acter le vote de la subvention à Cockerill. Ce dernier n'a jamais donné suite à mes nombreuses sollicitations.

L'ancien maire de Commercy, Bernard Muller, également ancien président de la communauté de communes de Commercy, m'apprendra lui qu'« il n'y a pas eu d'appel d'offres pour réinstaller une activité sur *dix hectares de l'ancien quartier Oudinot*. Vous savez, au ministère de la Défense, il y a des tractations en permanence avec des entreprises pour les installer ». Un fait confirmé par Jean-Philippe Vautrin, qui manque de s'étrangler quand j'aborde la question d'un éventuel appel d'offres. « C'est une plaisanterie ? s'amuse-t-il. Qui aurait répondu pour les récupérer ? Personne. Non, il n'y a pas eu de mise en concurrence. Au contraire, on était contents que quelqu'un veuille bien les récupérer. Certaines communes de 6 000 habitants gardent pendant trente ans une friche militaire... Nous, on a tout de suite reconverti. D'ailleurs le ministère de la Défense l'a signalé. Il a parlé d'une "reconversion exceptionnelle". Rien que pour ça, le territoire est largement gagnant », promet-il.

Avec le recul, Brigitte Leblan analyse les raisons de cette absence de réaction de la part des élus : « La Meuse est un département laissé pour compte. Une grande partie de son économie repose sur l'armement et le nucléaire. Il n'y a pas beaucoup d'esprit critique par rapport à tout cela. C'est impressionnant de voir le nombre d'entreprises implantées dans des zones sinistrées qui empêchent tout débat. »

Alors que la guerre a commencé au Yémen sept mois plus tôt, le conseil régional de Lorraine n'évoque à aucun moment la situation sur place. L'implantation d'une entreprise d'armement chargée de former des militaires saoudiens n'a « pas du tout été problématique, selon Jean-Philippe Vautrin, ça n'a ému personne. C'est un sujet qui n'a même pas été abordé. Je ne sais même pas s'ils ont fait le lien entre la guerre au Yémen et le problème d'accueillir des soldats saoudiens sur le sol français. Faut s'intéresser au sujet pour faire le lien. Si on avait vendu des armes aux Suisses, on aurait eu des Suisses. Ou des Allemands. Oui, quand on vend des armes à des pays, ce n'est pas pour faire mumuse. Que ce soient des Saoudiens, des Chinois, on a vendu, y a un marché, c'est bien. »

Un refrain également chanté par Gérard Longuet. « Quand la France vend des Rafale, en Inde, ce n'est pas pour le défilé du 14 Juillet local, c'est pour transformer les gens en charbon de bois. Je sais que des armes seront vendues et je préfère que des ouvriers français et belges puissent travailler. » Et puis, assure-t-il, « je suis persuadé, de mémoire, que les subventions dont on parle sont absolument marginales par rapport au financement du projet Cockerill ».

Il n'est pas le seul à le penser. « Franchement 600 000 euros pour 60 millions d'euros d'investissement, c'était vraiment une aide extraordinairement limitée par rapport à l'ampleur du dossier », commente Jean-Pierre Masseret, président PS du conseil régional au moment du vote. « 600 000 euros pour essayer de redonner un peu d'espoir à la commune après le départ de 1 200 personnes, ce n'est pas cher payé. »

« Le contribuable ? Mais il n'a rien à voir dans tout ça le contribuable ! » s'énerve le maire de Commercy, Jérôme Lefèvre, lorsque je lui demande si les Commerciens n'auraient pas préféré payer pour l'installation d'un centre de santé pluridisciplinaire à la place de soldats saoudiens. « À aucun moment le contribuable – commercien d'autant plus – n'a été sollicité. La seule préoccupation pour moi, c'était l'emploi et le fait de ne pas laisser tomber Commercy. »

Le contrat signé, les aides allouées, l'entreprise belge Cockerill peut tranquillement s'installer sur l'ancien site militaire français.

Hôtel, restaurants, sauna, hammam : à Commercy, le campus haut de gamme est fin prêt. L'entreprise belge Cockerill a mis les petits plats dans les grands pour accueillir des militaires saoudiens. Si la commune a salué sans sourciller l'arrivée de ce fabricant d'armes sur son site, c'est parce qu'en échange, on avait promis emplois et retombées économiques à ses habitants. D'abord par la réalisation du chantier du campus. Puis par les emplois créés par l'entreprise. De quoi laisser les Meusiens rêveurs, dans ce département économiquement sinistré.

Carole Ruhland, la directrice générale du campus Cockerill, promettait en 2015 des retombées pour la région : « Nous avons pris soin de bien informer les entrepreneurs locaux afin qu'ils puissent se préparer à répondre aux appels d'offres. Par la suite, le projet créera une centaine d'emplois directs et indirects dans des domaines très différents allant de l'hébergement aux loisirs (…). »

Sauf que malgré les belles promesses, le camp d'entraînement militaire n'a pas volé au secours de la commune.

D'abord parce que l'entreprise n'a pas, comme me le soutenait Jérôme Lefèvre, « fait travailler de manière très significative les entreprises locales », afin d'agrandir et d'ajuster le quartier Oudinot. « Pour nous, c'était l'un des plus gros contrats, assez exceptionnel, à hauteur de 1,5 million d'euros », explique Alice Thonin, l'une des dirigeantes de l'entreprise Lheritier, basée à Commercy, qui a réalisé le lot de plomberie sur le chantier. « Mais non, il n'a pas créé spécifiquement d'emplois. » Et de pousuivre : « En local, il n'y a pas eu beaucoup d'entreprises sur le chantier. Ce sont des grands groupes nationaux comme Vinci et Eiffage qui ont travaillé dessus après avoir répondu à un appel d'offres. » L'argument de l'emploi a pris du plomb dans l'aile. En 2015, le conseil régional de Lorraine tablait sur la création de « 25 emplois directs (CMI et Campus Cockerill) en CDI et 75 emplois indirects liés aux activités du centre (accueil, réception, restauration, entretien…), ce qui aura des retombées indirectes en matière de commerces et de services de proximité ». Six ans plus tard, on en est loin. Sur les 110 emplois promis, seuls 20 ont réellement été créés, selon la DAR. Un rapport de la chambre régionale de la Cour des comptes, publié en 2018, tirait lui la conclusion : « Le CDE poursuivait l'objectif de 938 emplois. (…) On recense 438 emplois créés. »

Ensuite parce que la présence ou non des militaires a longtemps été un mystère. Même le maire ne le savait pas. « Je n'ai pas de certitudes sur le fait qu'il y ait des Saoudiens sur place, reconnaît-il par téléphone. Donc sur le commerce local, effectivement, dans l'immédiat, il n'y a pas de retombées au sens propre du terme. »

Une énigme qui plane encore aujourd'hui, même si différentes sources m'assurent que les formations ont commencé en septembre 2020.

Face à ces déceptions, les élus qui ont tant œuvré pour ce campus ont-ils manifesté de la colère face à ce retour sur investissement quasi nul ? Pas exactement. Le maire de Commercy, Jérôme Lefèvre, agacé, clôt le débat lorsque je lui pose la question : « Je ne connais pas le nombre d'emplois créés par cette installation parce que je n'ai pas à faire de l'ingérence dans l'entreprise. Et non, je n'ai pas l'intention de demander un audit sur la question. »

Si le bilan n'est pas fameux pour la commune, il l'est en tout cas indéniablement pour l'entreprise belge, et pour Gérard Longuet. De 647 millions d'euros en 2013, le chiffre d'affaires de Cockerill est passé à 1,3 milliard d'euros en 2015, un an après la signature du contrat avec GDLS-C et l'Arabie saoudite. Gérard Longuet lui, à nouveau sénateur de la Meuse, rejoint en avril 2013 l'entreprise qu'il a soutenue lorsqu'il était à l'hôtel de Brienne. Un an à peine après avoir quitté le ministère, il est nommé au conseil d'administration de Cockerill.

Une façon pour son ami Bernard Serin de le remercier pour le marché remporté ? « Ça peut paraître surprenant, mais il faut accepter l'idée que je suis compétent », s'amuse l'intéressé. D'ailleurs, jure-t-il, cela ne lui rapporte pas plus que « 7 500 euros environ par an ». Dans sa déclaration sur le site de la Haute Autorité pour la transparence de la vie publique, qui n'a pas été mis à jour depuis 2017, Gérard Longuet stipule pourtant avoir perçu 25 000 euros par an uniquement pour son mandat d'administrateur chez Cockerill. Soit un total au bas mot, en près de dix ans, de 250 000 euros. Il est toujours administrateur de l'entreprise à l'heure actuelle.

La communauté de communes ou le conseil régional ont-ils tapé du poing sur la table pour obtenir un résultat ? Pas un instant. Le gouvernement a-t-il exigé des explications ? Non plus. Mieux, les autorités françaises ont adoubé le camp d'entraînement militaire, en préférant retenir le rôle joué par Gérard Longuet.

En 2019, Geneviève Darrieussecq, l'ancienne secrétaire d'État auprès de la ministre des Armées, venait en personne à Commercy inaugurer le campus Cockerill. Selon *L'Est républicain*, présent lors de sa visite, elle se serait « extasiée sur la rapidité de reconversion du site », en notant que « Gérard Longuet a été très efficace ». Trois ans auparavant, lors du salon Eurosatory, le Mondial de la Défense et de la Sécurité terrestres et aéroterrestres, un invité de marque était également présent sur le stand Agueris, la société créée spécialement par Cockerill pour le contrat signé avec l'Arabie saoudite afin de développer « le premier simulateur embarqué de tourelle au monde ». Pour en faire sa promotion, l'entreprise pouvait compter sur un homme installé aux commandes de la machine pour l'occasion : le ministre de l'Économie de l'époque, Emmanuel Macron. C'est sur cet appareil que les militaires saoudiens doivent s'entraîner.

Cockerill n'a pas à s'inquiéter pour son campus saoudien sur le sol français, elle a plus que jamais ses entrées jusqu'à la tête de l'État. Le 1er janvier 2020, le Premier ministre Édouard Philippe remettait la Légion d'honneur au PDG du groupe d'armement, Bernard Serin.

*

Le secteur militaire n'est pas le seul domaine dans lequel la France apporte son soutien au royaume saoudien. La guerre au Yémen est aussi celle de l'image. Un tout autre terrain non moins important pour lequel Riyad peut aussi compter sur Paris.

4. *Des communicants en or*

> « Les guerres d'aujourd'hui sont des guerres d'influence, et d'influence sur les esprits. Ce pouvoir-là peut se négocier beaucoup plus facilement que les ventes d'armes. »
>
> François LÉOTARD, ancien ministre de la Défense

Riyad, octobre 2017. À moins de mille kilomètres de la frontière yéménite, sous les 35 °C du soleil saoudien, est rassemblé tout le gotha de la finance internationale à l'hôtel Ritz-Carlton. Le même qui, quelques jours plus tard, deviendra une prison dorée pour les plus grosses fortunes saoudiennes que MBS veut mater. Pour l'heure, l'hôtel de luxe accueille tout le gratin des milieux d'affaires : les plus puissants investisseurs de la planète, les plus importants décideurs en matière d'économie tels que Christine Lagarde, alors directrice du Fonds monétaire international (FMI), ou encore l'ancien Premier Ministre britannique Tony Blair. Tous sont réunis pour assister au FII,

Future Investment Initiative, le Davos du désert, pour les intimes. Un forum économique qui se veut le petit frère saoudien du Forum de Davos en Suisse, où chaque année, les dirigeants politiques et les plus grosses fortunes mondiales, comme Bill Gates ou George Soros, se retrouvent pour débattre des problèmes de la planète.

C'est la toute première édition et pour épater ce beau monde, le royaume saoudien a sorti le grand jeu.

Pour rendre cela possible, la pétromonarchie a fait appel à un allié de premier ordre : Richard Attias, le compagnon de l'ancienne première dame Cécilia Sarkozy. Ancien responsable de Publicis Events, c'est via son cabinet Richard Attias & Associates qu'il a transposé à Riyad le concept du Davos économique. Créée en 2008 et basée à Dubaï, sa société a considérablement renforcé ses activités en Arabie saoudite depuis que le prince MBS est devenu l'homme fort de la monarchie absolue en 2015. L'agence aurait reçu plus de 30 millions d'euros pour l'organisation de cet événement, portant son chiffre d'affaires annuel à 50 millions d'euros. Elle n'organise pas que le FII d'ailleurs, mais aussi une multitude de manifestations en partenariat avec la Fondation Misk, dont je parlerai bientôt. Son agence est derrière la plupart des événements d'envergure internationale qui se déroulent dans le royaume, comme le G20 qui a eu lieu à Riyad en novembre 2020.

Ce Davos version Mille et Une Nuits, c'est la vitrine du modernisme que veut afficher MBS. C'est à cette occasion que ce dernier dévoile sa Vision 2030, son programme pour sortir du tout pétrole d'ici quelques années. Le royaume détient certes le quart des réserves mondiales d'or noir, mais il doit s'affranchir au plus vite de la rente pétrolière dont il est dépendant pour éviter une banqueroute annoncée. Devant cette foule de puissants, MBS présente de quelle façon il va diversifier l'économie du pays, notamment en pariant sur le tourisme. Il expose ses gigantesques projets : Neom, une cité sur les bords de la mer Rouge, de 250 fois la taille de Paris, présentée comme la Silicon Valley saoudienne. Riche en récifs coralliens, elle est vouée, assure MBS, à devenir une ville futuriste où les touristes les plus fortunés se masseront : l'alcool y sera autorisé, les femmes pourront même vivre et travailler non voilées. Mais aussi Al-Ula, pharaonique projet touristique et archéologique, ou encore Qiddiya, un parc d'attractions XXL qui se veut être l'équivalent de Disneyland Paris. Philippe Gas, ancien PDG du parc, a d'ailleurs été recruté par les Saoudiens pour prendre les rênes de Qiddiya. MBS voit grand.

Pour inaugurer l'événement, il peut compter sur la présence de Jacques Attali, l'ancien conseiller de François Mitterrand, et conseiller économique du royaume depuis plus de dix ans. Un admirateur de MBS également. Dans le livre de la journaliste Christine Ockrent, *Le Prince mystère de l'Arabie*, publié aux éditions Robert Laffont en octobre 2018, il dit avoir « trouvé remarquable, brillantissime, ce jeune homme qui n'était à l'époque qu'un prince parmi d'autres (…) : une énergie considérable, une curiosité, une gentillesse exceptionnelle, une impatience de voir son pays évoluer. (…) Ce prince incarne la modernité et la stabilité : c'est notre intérêt qu'il réussisse ».

Également au rendez-vous, l'ancien président de la République Nicolas Sarkozy, qui qualifie de « tsunami » les « changements économiques et sociaux » en cours dans le pays. « C'est un moment historique », lâche-t-il lors de ce forum devant un MBS qui promet alors une Arabie « modérée, tolérante et ouverte », en voulant « détruire l'extrémisme ». « Il a raison, acquiesce Nicolas Sarkozy. Le problème du monde, c'est l'extrémisme. »

Tous savourent les petits-fours, se gratifient pour les succès respectifs, profitent de la chaleur du moment alors que la grisaille l'a déjà emporté dans les capitales occidentales. MBS est ravi. Richard Attias ne lui a pas menti. Son carnet d'adresses a répondu présent. Le prince se frotte les mains.

Quelques jours après la tenue du forum du Davos du désert, il fait arrêter pas moins de deux cents hauts dignitaires du pays, dont onze princes et trente-huit ministres ou vice-ministres. Tous sont emprisonnés près de trois mois au Ritz-Carlton, là même où l'ancien président américain Barack Obama avait aussi séjourné lors de sa visite d'État en 2014. Le haut rang des personnalités mises en cause et démises de leurs fonctions ne fait pas peur au jeune prince héritier. Rien ne saurait freiner sa volonté de mettre tous ses sujets à ses pieds. À commencer par son cousin Mohammed ben Nayef. L'ancien ministre de la Défense a travaillé main dans la main avec les autorités occidentales pour éradiquer le terrorisme, il a longtemps été pressenti pour être le nouveau roi. Il est visé de la même manière que Bakr ben Laden, l'un des frères d'Oussama ben Laden, mais aussi et surtout le dirigeant du plus grand groupe de BTP saoudien qui a construit une grande partie de l'Arabie saoudite moderne. La famille Ben Laden est l'une des plus riches et des plus influentes du royaume. Elle a toujours été dans le cercle restreint de la famille royale.

La répression engagée par MBS est d'une ampleur inédite. Jamais l'élite politico-financière du royaume n'avait été traitée de la sorte. Des princes sont battus, d'autres auraient été torturés lors de leur arrestation. Certains des plus riches dignitaires du pays dorment sur des matelas dans le hall de l'hôtel de luxe réquisitionné, d'autres ont l'obligation de porter un bracelet électronique à leur libération.

Le prince al-Walid ben Talal, à cette date première fortune du monde arabe, est l'un des derniers à quitter sa suite, malgré le soutien des anciens présidents français de la République Nicolas Sarkozy et François Hollande. Alors cinquième fortune mondiale, ce francophile est aussi l'une des portes d'entrée historique des Français au pays des merveilles, en plus d'être l'un des plus importants investisseurs saoudiens en France. Propriétaire de l'hôtel George V à Paris, actionnaire de la chaîne hôtelière

Four Seasons, d'Euro Disney, de Twitter, de Citigroup, il détient aussi près de 6 % du capital d'AccorHotels. Le neveu du roi Fahd a toujours été flatté par nos différents présidents de la Ve République. Il a été décoré de la Légion d'honneur par Jacques Chirac, puis par Nicolas Sarkozy. Il a aussi, selon certains de ses conseillers, soutenu la campagne présidentielle d'Emmanuel Macron, en particulier auprès du groupe de travail international d'En Marche !. Il s'était d'ailleurs discrètement entretenu à l'Élysée en septembre 2017 avec Emmanuel Macron.

Mais rien n'y a fait. Pas même ses liens avec nos plus hautes autorités. Lui aussi a dû verser une somme colossale pour retrouver un semblant de liberté – il a l'interdiction de quitter le territoire, et doit continuer de se plier aux volontés du prince héritier. En mai 2022, il a vendu 16,87 % des actions de la Kingdom Holding Company au Fonds d'investissement public saoudien.

Rien ne semble arrêter le prince héritier. La chasse aux sorciers est devenue monnaie courante depuis son arrivée. Il a fait de la lutte contre la corruption son cheval de bataille. L'opération « Mains propres », comme il la nomme, est un succès, elle permet de faire entrer des dizaines de milliards de dollars dans les caisses de l'État. Elle a néanmoins un retentissement mondial et suscite la crainte des investisseurs internationaux. Ce qui fait dire à un fin connaisseur des tractations économiques dans le pays : « Le FII ? C'est une escroquerie intellectuelle. Ça a été vendu par Richard Attias comme l'idée miracle qui allait faire voir l'Arabie comme une puissance émergente. Il a promis à MBS de faire venir tout qui compte des grands de ce monde. Ils sont venus, et puis… rien. Dès la deuxième édition de ce Davos du désert », se gausse ce proche des milieux d'affaires français qui effectue de nombreux allers-retours à Riyad, « MBS courait après les gens pour qu'ils investissent dans le pays, ce qu'ils ne font toujours pas ».

C'est que l'édition numéro deux, celle de 2018, a lieu quinze jours après l'assassinat macabre de Jamal Khashoggi.

2 octobre 2018. Jamal Khashoggi a fui l'Arabie saoudite depuis près d'un an. Il est réfugié aux États-Unis depuis septembre 2017, où il officie en tant que chroniqueur pour le *Washington Post*. Ce journaliste, ancien rédacteur en chef adjoint d'*Arab News*, figure phare dans le pays, est traditionnellement un proche de la famille royale. Issu d'une grande famille originaire de Djeddah, son grand-père, Mohammed Khashoggi, était le médecin personnel du roi Ibn Saoud, le fondateur du royaume d'Arabie saoudite. Depuis des générations, les Khashoggi ont leurs entrées au palais, ils font partie du cercle restreint de la Cour.

Mais depuis l'avènement de Mohammed ben Salman en 2017, Jamal Khashoggi critique ouvertement les restrictions de libertés dans le pays et s'oppose à la guerre au Yémen. Il l'a soutenue dans les premiers jours. Mais il est rapidement considéré comme un dissident, voire un ennemi. Ses critiques à l'encontre de la relation que MBS noue avec Donald Trump ne plaisent pas non plus. Il a beau être considéré comme un réformateur et un démocrate, ce dont MBS pourrait se servir pour appuyer sa volonté d'afficher son modernisme, son statut ne l'empêche pas d'être lui aussi une cible.

Entre les années 1980 et 2000, il a pourtant régulièrement officié auprès du prince Turki ben Fayçal, ancien directeur des services de renseignements saoudiens. Il a notamment eu la tâche d'empêcher son ami d'enfance, Oussama ben Laden, lui aussi originaire d'une riche famille de Djeddah, de basculer dans le terrorisme. En vain.

Il fut ensuite le conseiller du prince Turki lorsque celui-ci devient ambassadeur d'Arabie saoudite à Londres, puis à Washington. Il est d'ailleurs le porte-parole des ambassades saoudiennes dans les deux capitales lors des attentats du 11 septembre 2001, et répète le discours du gouvernement à des journalistes influents pour éviter à son pays de devenir un État paria. Il compte parmi ses amis le prince al-Walid ben Talal. Il a pour cousin Emad Khashoggi, un riche homme d'affaires franco-saoudien né au Liban qui a vendu à MBS la demeure la plus chère au monde, le « Château Louis XIV », situé en France. Ou encore Dodi al-Fayed, millionnaire dont le nom est resté dans l'Histoire pour avoir perdu la vie à Paris dans un accident de voiture en 1997 aux côtés de la princesse Diana.

Son oncle, Adnan Khashoggi, célèbre marchand d'armes, était dans les années 1970 l'un des principaux intermédiaires des Français en Arabie. C'est lui qui a permis à Paris de décrocher quelques contrats saoudiens.

Malgré ce pedigree, ce 2 octobre 2018, l'impensable se produit.

En visite en Turquie, où il a rencontré une jeune femme qu'il doit épouser, Jamal Khashoggi est invité à se rendre au consulat d'Arabie saoudite à Istanbul pour obtenir un document lui permettant de se remarier. Il n'en ressortira jamais.

Selon la police turque, qui a récupéré un enregistrement sonore placé au sein du consulat, l'homme est tombé dans un piège. Torturé, séquestré, Jamal Khashoggi finit par être assassiné par un commando saoudien qui aurait été spécialement dépêché sur place grâce à deux avions de la flotte nationale. L'enregistrement fourni par Ankara donne à voir le monstrueux de cet assassinat. Ses tueurs ironisent sur le fait de démembrer un être humain. Son corps n'a jamais été retrouvé. Ce qu'il en restait aurait été dissous dans de l'acide.

Si les premiers jours suivant la disparition de Jamal Khashoggi, l'Arabie saoudite soutient que toute la lumière doit être faite sur cette affaire, rapidement, MBS et son clan font office de suspects numéro un. Riyad finit par annoncer la mort du journaliste en affirmant qu'il s'agirait d'un meurtre commis par des Saoudiens seuls. Il assure vouloir s'associer à l'enquête turque en cours. Mais nombreux sont ceux à penser que Khashoggi, sur la liste noire des personnes recherchées par les autorités saoudiennes, a connu le même sort que trois princes saoudiens, eux aussi mystérieusement disparus du jour au lendemain sous le règne du jeune prince héritier.

Six mois plus tard, l'ancienne rapporteure spéciale de l'ONU, Agnès Callamard, révélait plus tôt que le meurtre du journaliste avait été supervisé, organisé et soutenu par de hauts officiers saoudiens. Elle recommandait la conduite d'une enquête concernant MBS. En février 2021, le président américain Joe Biden déclassifie une note de la CIA concluant que MBS a bien validé l'opération en Turquie pour capturer ou tuer le journaliste. Un mois plus tard, en Allemagne, Reporters sans frontières dépose une plainte pour crimes contre l'humanité à l'encontre de MBS pour sa responsabilité dans cet assassinat.

Un assassinat qui, en octobre 2018, fait la une des médias du monde entier. L'homme fort de Riyad, qui a travaillé dur pour être perçu jusque-là comme l'incarnation du modernisme dans le royaume, devient persona non grata sur la scène internationale.

Dans ce contexte, s'ouvre la deuxième édition du Forum de Davos du désert. MBS doit redoubler d'ingéniosité pour masquer l'embarras. Il s'essaie à l'humour. Il blague sur le kidnapping par Riyad d'un Premier ministre en fonction, et tout le monde rit. Saad Hariri en tête, ledit Premier ministre du Liban qui, un an plus tôt, au moment de la purge du Ritz-Carlton, a été assigné à résidence dès sa sortie de l'avion alors qu'il venait spécialement à Riyad sur demande des autorités saoudiennes. Un rire jaune, mais tout de même. Peu importe que la plaisanterie soit d'un goût douteux pour Hariri fils, dont on ne saura jamais s'il a été torturé ou non par les autorités saoudiennes pour le contraindre à donner publiquement sa démission. Une déclaration sur laquelle il a pu revenir après qu'Emmanuel Macron eut volé à son secours.

Face à ce qui devient l'affaire Khashoggi, se rendre à ce forum économique demande un réel exercice de contorsionniste. Si la plupart des patrons des grands groupes mondiaux ont choisi la défection, à commencer par Jeff Bezos, le PDG d'Amazon et deuxième fortune mondiale, pour nos investisseurs français, la décision de se retirer a été plus compliquée à prendre. Seul Bruno Le Maire, ministre de l'Économie, a annulé sa participation sans hésitation.

Dans les milieux d'affaires hexagonaux, le souci de ne pas heurter l'allié et le client saoudien a eu raison d'un possible boycott total de l'événement. Surtout s'il s'agissait de pouvoir se placer une fois la voie libérée de tout concurrent.

Pour taire les critiques et faire bonne figure, côté économie, compromis a été trouvé d'envoyer les numéros deux des entreprises du CAC 40. BNP a ainsi dépêché sur place Jacques Michel, président du groupe pour le Moyen-Orient et l'Afrique. Le Crédit Agricole a envoyé Thierry Simon, membre du comité exécutif du groupe. La Société générale a missionné Antoine Toussaint, patron de la zone Arabie saoudite. Des représentants de

Veolia, qui lorgnait sur un gigantesque marché de dessalement de l'eau en Arabie saoudite, et plusieurs délégations françaises en quête de contrats, étaient également de la partie.

Tout comme deux groupes français emblématiques dans le pays : Total et AccorHotels.

Ses deux patrons n'ont pas pu se permettre de faire l'impasse sur l'événement.

Le PDG de Total Patrick Pouyanné a maintenu son intervention aux côtés du ministre de l'Énergie saoudien lors d'une conférence pour ce forum. Si Sébastien Bazin, PDG d'AccorHotels, a annulé sa prise de parole, en coulisses, le premier opérateur hôtelier du royaume a poursuivi les pourparlers concernant le projet touristique Red Sea. Celui présenté lors de la première édition du FII un an plus tôt qui consiste à transformer une cinquantaine d'îles de la mer Rouge en stations balnéaires de luxe. Un contrat trop important pour que le groupe le voie s'envoler. Accor n'a de toute façon pas vraiment le choix. Le gouvernement saoudien a investi dans le groupe en prenant des participations dans l'entreprise.

Ce malaise lors de la deuxième édition du Forum du désert ne va pas durer pour nos investisseurs et dirigeants français. Maurice Gourdault-Montagne, l'ancien proche conseiller de Jacques Chirac et ancien directeur de cabinet de Dominique de Villepin, me l'explique clairement : « Oui, l'affaire Khashoggi, c'est mal. Mais c'est fait. On ne va pas le ressusciter de toute façon. MBS a été tricard pendant quelque temps. Maintenant, ça va, on passe à autre chose. » Il sait de quoi il parle. Il a réalisé pour le compte d'Avisa Partners, une société de conseil et d'influence des médias dont il était membre du comité d'éthique jusqu'en juin 2022, une prestation de lobbying pour la candidature de l'Arabie saoudite à l'Exposition universelle de 2030.

Richard Attias aussi a beaucoup « aidé MBS à passer le cap Khashoggi. Sans son entregent, peu de gens seraient venus au forum de Riyad », estimait un spécialiste de la région auprès du *Monde* en 2019. L'intéressé a toujours défendu pour sa part vouloir « transformer l'image d'un homme ou d'un pays. Je ne fais pas de politique, répondait-il au *Monde*. Je crée des plateformes, susceptibles d'attirer des investisseurs et de générer des emplois ». En 2019, la troisième édition du FII – même si elle n'offre toujours pas à MBS les investissements rêvés – attire en tout cas de nouveau les Français, dont François Fillon. Le candidat malheureux à la présidentielle de 2017 a, semble-t-il, revu sa copie concernant l'Arabie saoudite. Fin 2016, l'ancien Premier ministre refusait de rencontrer MBS de passage à Paris. Sur le plateau de « L'Émission politique » sur France 2 en 2016, questionné par le juge d'instruction Marc Trévidic, François Fillon affirmait que l'Arabie saoudite « n'est certainement pas notre alliée », considérant « qu'elle est, pour une part, à l'origine de la montée de l'intégrisme au sein de l'ensemble de la communauté musulmane mondiale avec le wahhabisme » et estimant qu'elle « abrite encore en son sein des prêcheurs, des théologiens qui viennent nourrir cet intégrisme ».

En janvier 2021, pour la quatrième édition, les Français sont toujours aussi bien représentés. Cette année-là, le président du Conseil constitutionnel, Laurent Fabius, intervient au forum du Davos du désert. Officiellement, en tant qu'ancien président de la COP21. Ce que déplore une ancienne ministre du quinquennat Hollande. « Que le président d'une institution garante de notre Constitution aille sans aucun problème à cet événement au vu des conditions des droits de l'homme dans le pays, alors même qu'il est en exercice, c'est une honte. » Pas pour Laurent Fabius, qui a toujours beaucoup aimé le royaume wahhabite. Déjà dans les années 1980, quand il était le plus jeune Premier ministre de François Mitterrand, et plus récemment en avril 2015 quand, ministre des Affaires étrangères sous François Hollande, il sautait dans un avion pour Riyad quelques jours après le début de l'offensive saoudienne au Yémen, afin d'exprimer le soutien de notre pays à l'Arabie saoudite. Il réaffirmait à ce moment-là que « la France se tient naturellement aux côtés de ses partenaires de la région pour restaurer la stabilité du Yémen ».

Il est vrai que notre pays se tient aux côtés du royaume saoudien en toutes circonstances.

Depuis Paris, les leaders de la communication n'ont pas remis en question leurs contrats malgré la guerre au Yémen, la purge du Ritz-Carlton, et l'assassinat de Jamal Khashoggi.

*

Daphné Claude est assurément une femme pressée. À tel point qu'elle n'a pas le temps de répondre à un appel téléphonique. Daphné Claude, l'une des fondatrices de l'agence de communication Steele & Holt, est « sous l'eau ». Je me contente de sms pour savoir en quoi consistait le contrat signé avec Riyad pour assurer la communication du royaume. « Dès le départ, c'était une mission courte, écrit-elle. On a aidé le ministère de la Culture saoudien en amont et pendant la visite de MBS en France (en 2018) sur des questions uniquement de société, sur les femmes, sur la conduite et sur la culture en général. » Elle affirme avoir travaillé « seulement huit mois pour le ministère saoudien et n'avoir gardé aucun lien ».

Zoé, directrice d'une autre agence de communication française, m'explique elle avoir collaboré « trois, quatre mois » avec l'Arabie saoudite. C'était en 2015. Elle assure avoir tout arrêté « avant le blocus ». Comprenez, le blocus maritime d'Hodeïda. La raison de la fin de cette collaboration ? « C'est moi qui ai arrêté le contrat avec eux, jure la jeune femme. Je n'ai pas du tout aimé leur mentalité. » À l'autre bout du fil, la voix est affirmée, presque vindicative. « J'avais signé un contrat avec le service culturel de l'ambassade d'Arabie saoudite en France, enchaîne-t-elle. Le but était de montrer le royaume soi-disant comme il est, et non au travers des préjugés qu'en ont les gens. Le problème, c'est que quand je suis allée sur place, j'ai trouvé que c'était pire que ce qu'on en disait. »

Daphné Claude et Zoé ne sont pas les seules Parisiennes à avoir participé à l'amélioration de l'image du royaume wahhabite. De nombreuses sociétés de conseil ont décroché des contrats. Image 7, l'agence d'Anne Méaux, l'ex-directrice de communication de la campagne présidentielle de François Fillon en 2017, a par exemple été en charge de la communication du ministère de la Défense saoudien. En 2016, elle organisait pour des équipes de télévision une visite de « Tonnerre du Nord », un exercice militaire grandeur nature avec la participation de vingt pays membres de l'Alliance militaire islamique. Le conflit au Yémen avait commencé depuis près d'un an, « les Saoudiens nous avaient demandé de faire une opération pour montrer la guerre qu'ils livrent aux terroristes », expliquait Anne Méaux à *Challenges* en 2016.

Mais selon Zoé, ce sont deux mastodontes de la communication en France qui ont raflé la mise. Elle l'assure, son contrat, d'un montant de 3 000 à 5 000 euros par mois, est ridicule comparé à « Publicis et Havas. Eux, ils sont sans foi ni loi, ils ne pensent qu'à l'argent, sans même faire le travail. Ils prennent les Saoudiens pour des Bédouins à qui on peut prendre de l'argent, dit-elle, révoltée. Ils se foutent de leur gueule, mais comme ils ont une réputation, on leur dit que c'est génial ».

Publicis et Havas, ce sont les agences qui dominent la com' en France. Elles façonnent l'opinion publique, coachent les politiques, conseillent les patrons du CAC 40, rédigent les argumentaires à propager dans les médias.

Et travaillent aussi pour l'Arabie saoudite. Certains affirment que Publicis touche « autour de 40 millions d'euros par an grâce à la monarchie saoudienne, tous contrats mis bout à bout. Et c'est à peu près autant pour Havas ». D'autres évaluent plutôt à 2 ou 3 millions d'euros le montant total rapporté grâce à l'Arabie saoudite. J'ai contacté les deux agences pour obtenir des précisions sur ces chiffres. Aucune ne m'a répondu.

Avec l'arrivée de MBS, la monarchie wahhabite tient à redorer son image. Les communicants s'emploient à y parvenir. Peut-être ont-ils en tête cette phrase d'Edward Bernays, le premier des grands théoriciens du conseil en relations publiques : « Il est possible d'enrégimenter les esprits comme l'armée enrégimente les corps », écrivait-il dans son livre *Propaganda*, paru aux éditions H. Liveright, à New York, en 1928.

Les influenceurs de l'ombre disséminent leur propagande saoudienne dans l'opinion publique française en commençant par instiller le doute sur la réelle face du nouvel homme fort de Riyad. Ils nous présentent le prince héritier comme un dirigeant de son temps, certes impulsif, mais dans la droite lignée d'un Emmanuel Macron. Ils travaillent dur pour essayer de vendre une dictature en un État réformiste. Ils élaborent des éléments de langage toujours positifs à l'égard de MBS : sa volonté de changer le pays, malgré les obstacles qui le freinent. Ils gomment les sujets embarrassants. En pratique, cela se traduit par la mise en place d'une stratégie pour effacer, dans l'esprit des Français, Oussama ben Laden et le terrorisme lorsque l'on mentionne l'Arabie saoudite. Oublier le fait que le plus gros contingent de djihadistes dans les rangs de Daech ou d'Al-Qaïda soit saoudien. Passer sous silence le sort réservé aux Saoudiennes et mettre au contraire en lumière le fait que, depuis 2015, elles ont le droit de voter, ou que, depuis 2018, elles ont le droit de conduire. Riyad cesse ainsi d'être le seul pays au monde où les femmes avaient interdiction de prendre le volant. On évite surtout de préciser qu'elles doivent suivre des leçons de conduite six fois plus chères que pour un homme, et avec un instructeur de sexe féminin. On annonce que le royaume va délivrer des visas touristiques. On omet de préciser le lancement, à la même période, de l'application Absher – permettant aux Saoudiens de surveiller les déplacements des femmes, et de les limiter s'ils le décident. Rien ne doit assombrir la belle image que l'on donne à voir du royaume.

Désormais, place au changement ! Celui mis en place par un prince trentenaire dynamique, moderne, visionnaire. En trois mots : Mohammed ben Salman, dit MBS, « ce mec au physique incroyable, puissant, sensuel (…) » selon Jack Lang, président de l'Institut du monde arabe.

MBS, nous assurent les communicants, c'est le sauveur de l'Arabie. Il n'est pas comme les autres princes. La preuve : il permet à ses sujets de se rendre de nouveau dans les cinémas, d'aller à des concerts, et bientôt dans les plus importants musées au monde, lorsqu'ils auront vu le jour en Arabie. Il veut contenir le rôle des religieux, jurent-ils. Pour cela, MBS est sur tous les fronts. Il ne combat pas seulement ardemment les terroristes du Yémen financés par l'Iran. Il a aussi un programme révolutionnaire, nous promet-on : Vision 2030, prononcé « 20-30 » par les communicants, celui qu'il a présenté lors du premier Davos du désert. Grâce à ce projet, il va donner du travail à une jeunesse désenchantée qui n'attendait que lui.

Et tant pis si la réalité est quelque peu différente.

Les agences de communication ont signé des contrats avec l'ambassade d'Arabie saoudite en France, avec des ministères du royaume saoudien, ou encore avec une fondation à laquelle MBS tient comme à la prunelle de ses yeux : la Fondation Misk, son bras armé culturel, l'outil qui lui permet de contrôler l'image du royaume à l'international en utilisant les jeunes générations. Il l'a créée en 2011 du haut de ses 25 ans alors qu'il n'était que conseiller du gouverneur de Riyad, dont son père, le roi Salman, occupait jadis le poste. Le but de cette fondation ? Développer le savoir et le leadership de la jeunesse pour l'Arabie saoudite du futur. Une organisation qui dispose de moyens considérables depuis l'arrivée de MBS au pouvoir afin de combattre, via la culture et les loisirs, le rigorisme religieux, la radicalisation et le *tufush*, ce mot utilisé couramment par la jeunesse saoudienne pour décrire son mal-être, son ennui, son ras-le-bol.

En France, Havas a ainsi organisé plusieurs événements pour le compte de la Fondation à partir de 2015. Le 9 avril 2018, elle a entièrement privatisé le musée des Arts décoratifs pour une soirée de gala. Françoise Nyssen, alors ministre de la Culture française, son homologue saoudien Awwad Alawwad, ou encore Jean Nouvel, l'architecte star, figuraient parmi les invités. À ce moment-là, Havas l'affirme : « Pour la première fois, il a été question d'autre chose que de ventes d'armes lors d'une visite d'un dirigeant saoudien. En réalité, les ventes d'armes ne représentent pas grand-chose. Ce sont des reliquats de contrats. » C'est vrai. Désormais, ce qui est vendu par la France aux Saoudiens est la communication et la culture. Une arme tout aussi nocive.

Les gros contrats saoudiens sont partagés avec Publicis, l'autre seigneur de la com', troisième groupe au monde par son chiffre d'affaires. Il n'a rien à envier à Havas. C'est même « le plus gros opérateur mondial de lobbying saoudien », selon Pierre Conesa, ancien haut fonctionnaire au ministère de la Défense, ancien de la Délégation générale pour l'armement (DGA), auteur du *Lobby saoudien en France. Comment vendre un pays invendable*, paru en avril 2021 aux éditions Denoël.

Publicis est l'agence dont l'actionnaire principale est Élisabeth Badinter, fille du créateur de l'agence, Marcel Bleustein-Blanchet. L'épouse de Robert Badinter – l'ancien ministre de la Justice à qui l'on doit la suppression de la peine de mort en France – détient la plus grosse participation au capital du groupe avec 7,1 %.

En 2015, la société MSL Bruxelles, filiale de Publicis, se voit confier la mission de « faire du lobbying sur certains des problèmes clés auxquels le royaume est confronté, notamment : défendre le royaume des accusations de lien avec l'exportation du terrorisme (…), dévier la condamnation internationale de la conduite de la coalition dirigée par l'Arabie saoudite au Yémen, en mettant l'accent sur l'aide humanitaire, promouvoir la popularité du prince héritier et le présenter comme un réformateur (…) ».

Depuis Paris, c'est principalement la branche Publicis Consultants, experte en réputation et influence au sein du groupe Publicis, qui a obtenu la charge des contrats saoudiens. Chez Publicis Consultants, qui a pour mot d'ordre « Influence. Impact », on organise des rencontres dans des palaces parisiens entre journalistes et ministre des Affaires étrangères saoudien pendant que des civils sont bombardés à Saana. On tend le micro au porte-parole de la coalition au Yémen, le général Ahmed al-Assiri. On relaie des communiqués de presse de la diplomatie saoudienne sur l'embargo alors en place contre le Qatar ou sur la guerre au Yémen. On est le bodyguard de l'agence Afalula, une agence franco-saoudienne entièrement financée par le royaume saoudien, qui œuvre depuis Paris à l'élaboration du projet touristique et archéologique de MBS à Al-Ula.

À Publicis comme chez Havas, on garde le cap en toute circonstance. Malgré la tempête Khashoggi, les seigneurs de la com' ont continué de collaborer avec l'Arabie saoudite. Havas ne s'en cache pas. « L'affaire Khashoggi ne remet pas en cause notre contrat avec l'Arabie saoudite, confirmait Stéphane Fouks, vice-président de l'agence. On assume faire la communication des États. Notre vocation est d'aider les réformateurs. On n'épouse pas les clients, on les aide à aller dans le bon sens (...) », argumentait-il en 2018 dans les colonnes de *Challenges*.

Le groupe Publicis a été plus discret. Lui, a poursuivi ses contrats saoudiens via d'autres filiales. La plus célèbre d'entre elles se nomme Qorvis Communications. Une agence de com' américaine qui agit pour le compte du royaume saoudien « depuis 2001 », m'explique Pierre Conesa. « Après le 11 Septembre, les Saoudiens s'adressent à des sociétés de relations publiques. Qorvis leur a dit : "Vos affaires vont mal. Vous allez très certainement avoir une enquête au Congrès américain qui va conclure à votre responsabilité (dans les attentats). On peut vous aider", détaille l'ancien haut fonctionnaire. À partir de là, Qorvis agit essentiellement auprès du Congrès américain pour infuser l'idée que l'Arabie saoudite, ce n'est pas ça, qu'il y a des intérêts plus importants, assure Pierre Conesa. Ils vont gagner une première bataille puisque, dans le rapport du Congrès de 2004, George Bush décide de classer secret-défense les 28 pages qui concernent l'Arabie saoudite. »

Officiellement, Qorvis empoche 15 millions d'euros par an avec le contrat saoudien depuis Washington. Elle revendique encore aujourd'hui sa mission de lutter contre ce qu'elle appelle des « fake news » à l'égard du régime wahhabite. En coulisses, Élisabeth Badinter cherche en revanche à se débarrasser « discrètement de tous ses contrats avec l'Arabie saoudite, m'affirme une collaboratrice de l'agence. Elle a mis en vente Qorvis et tous les autres contrats diffus dans le groupe. Elle n'a pas l'habitude d'être intrusive, mais là, elle est prête à le brader ».

J'ai contacté Publicis Consultants pour savoir ce qu'il en était. L'agence n'a pas donné suite à ma demande d'interview.

Ce n'est pas la première fois que les communicants français travaillent l'image de cette dictature. La stratégie post-11 Septembre a également été déployée en France à partir de 2002. Mathilde, consultante pour des entreprises françaises, a été l'une des premières à travailler main dans la main avec les Saoudiens. « J'étais la seule Française à œuvrer pour un organisme gouvernemental saoudien, la Sagia, la Saudia Arabian General Investment Authority, département presse et communication », précise-t-elle fièrement. D'abord depuis Riyad, puis dans la capitale parisienne. Après les attentats du World Trade Center à New York, son poste a pris une allure différente de la mission fixée à l'origine. Ce 11 septembre, elle s'en souvient très bien :

« Quand j'ai appris que 15 des 19 kamikazes étaient des Saoudiens, j'étais chez un ami saoudien à Riyad [*où elle a vécu quinze ans*]. On avait l'impression d'être au cœur du réacteur. C'était impensable ce qu'il se passait. Après le 11 Septembre, il n'y avait plus d'investisseurs, il fallait faire venir les entreprises étrangères. Avec mon comparse saoudien, on a organisé un road-show en France pour montrer que l'Arabie saoudite s'ouvrait. On arrangeait des dîners avec des journalistes, on rencontrait des gens influents pour les faire venir à Riyad, raconte-t-elle. À partir de 2002, mon boulot était d'amener les journalistes dans le pays, et de les accompagner sur place durant leur séjour. J'étais une sorte de fixeur. Je les présentais aux bonnes personnes et je les aidais. Il faut bien avoir en tête qu'à l'époque, l'Arabie saoudite, c'était un peu comme la Corée du Nord : complètement fermé et très compliqué de s'y rendre. Les Saoudiens ont travaillé pour améliorer les choses, et franchement, ça a été efficace. »

*

Outre-Atlantique, les critiques fusent à l'encontre de structures saoudiennes implantées sur le territoire. À commencer par la Fondation Misk, accusée par une ONG américaine, Freedom Forward, d'être une plateforme de propagande pour le régime de Riyad. À Paris, à partir de 2017-2018, « la Fondation a approché Total, EDF, Engie pour créer des partenariats avec ces grands groupes français, qui auraient pris la forme de programmes culturels et artistiques, me raconte, un brin narquois, un businessman de la région. Ils ont tous gentiment décliné ».

Misk aurait-elle alors trouvé d'autres moyens pour assurer de manière masquée le lobbying du royaume ? La question se pose au travers de « Génération 2030 ». Prononcée là aussi « 20-30 », l'entité se présente comme une association française à but non lucratif, ayant pour ambition de réunir les jeunes talents français et saoudiens « pour construire ensemble (...) des projets concrets dans les secteurs académiques, économiques, politiques et culturels », peut-on lire sur son site internet. Selon certains de mes interlocuteurs, elle serait en réalité un outil de soft power saoudien qui ne dit pas son nom, financée par des agences de com' grâce aux contrats avec le royaume wahhabite. « Génération 2030 est présentée comme une ONG française, c'est toujours comme ça que ça fonctionne avec les boîtes de lobbying, me décrypte une fine connaisseuse du secteur. Ils ne sont pas là pour apparaître. Ils mettent d'autres personnes en avant pour qu'on ne puisse pas faire le lien. » Contactées, Havas et Publicis n'ont pas donné suite à mes questions. La présidente saoudienne de l'association, Soha Alharbi, exposée comme une jeune doctorante en droit à Paris, après m'avoir répondu qu'elle se ferait un plaisir de me rencontrer, a, in fine, privilégié le silence. Étonnant pour une association dont les missions sont de « mettre en lumière des profils inspirants », et de « favoriser la compréhension biculturelle », selon le site internet. J'ai finalement obtenu une réponse par mail de la part du directeur exécutif de Génération 2030, Timothée Dufour, plus d'un an après mes premières sollicitations. Cet ancien agent public est à la tête de cette association qu'il a créée en tant que mandataire en janvier 2019. Avant cela, il a fait ses armes au consulat de France de Djeddah en tant que chargé de coopération et des affaires culturelles. Il a aussi été le responsable Campus France Arabie Saoudite, et le chargé des affaires culturelles à l'ambassade de France de Riyad de 2014 à 2017. « Alors que le royaume s'engageait dans une ouverture économique, sociale et culturelle et que parallèlement, la France et l'Arabie saoudite souhaitaient renforcer leur partenariat stratégique, m'explique Timothée Dufour, il m'a semblé de plus en plus pertinent en 2018 de réfléchir à un format qui puisse proposer la structuration d'un réseau d'amitié franco-saoudien dynamique permettant de mettre en lumière à la fois des talents et des projets, de favoriser la rencontre et la connaissance mutuelle. » À son retour en France, Timothée Dufour fonde en mars 2018 l'agence Battûta, spécialisée dans l'accompagnement de projets culturels entre la France et l'Arabie saoudite – précisément ce qu'il faisait déjà lorsqu'il était en poste en Arabie saoudite – puis Génération 2030, sur laquelle il m'a été bien plus facile de trouver des informations publiques.

Selon ses statuts, l'association dispose d'un ou deux salariés et est domiciliée au 44, rue de la Bienfaisance, dans le 8e arrondissement de Paris, à 500 mètres de l'Élysée.

En allant y faire un tour, je tombe sur un espace de coworking luxueux : Kwerk Bienfaisance. Enfin, « plutôt de wellworking, reprend l'hôte d'accueil qui me reçoit. Les patrons n'aiment pas trop le terme coworking », m'indique-t-il dans un hall d'entrée habillé d'épais rideaux de velours qui permettent difficilement de distinguer la sculpture d'un éléphant grandeur nature qui trône derrière. Un wellworking donc, qui est en fait « un espace de bureaux partagés haut de gamme pour les entreprises », m'explique cet hôte vêtu d'un costume cravate. Y sont proposés, outre bistrots, brasseries et salles de conférences, une salle de fitness, un studio de yoga, de méditation et de renforcement musculaire.

Ici, pas de possibilité de venir travailler à la journée, encore moins pour un particulier, et pas de location de salle de travail sans être membre du – apparemment très select – club. Chez Kwerk, chaîne de bureaux situés dans « les meilleurs quartiers d'affaires de Paris », « les entreprises doivent au minimum louer l'espace pour douze mois », m'informe une des responsables qui me rappelle quelques jours après ma visite. Pour cela, il faut débourser « environ 10 000 euros par mois, hors taxes, pour un espace de six postes de travail fixes maximum, poursuit mon interlocutrice, ou au moins 1 500 euros par personne par mois. Je ne vous cache pas qu'on ne sera pas forcément accessible pour une association, m'affirme cette représentante de Kwerk. Je préfère être transparente, on ne sera pas une solution économique ». D'ailleurs, des associations, « on en a seulement deux en réalité, m'explique-t-elle, dont une internationale, qui n'a pas de statut français, qui vient du Moyen-Orient, et qui a des fonds particuliers de plusieurs entreprises privées. On a des exceptions comme celle-là, mais ce n'est pas le type de structures que l'on retrouve chez nous ». Or Génération 2030 s'affiche comme une association française loi 1901, susceptible, par ailleurs, de bénéficier de subventions publiques.

Derrière la noble façade affichée, Timothée Dufour tromperait-il les personnes qu'il approche ? « Non, nous ne sommes pas subventionnés, m'assure-t-il. Nous fonctionnons par projets avec le soutien et la confiance renouvelés de nos différents partenaires qui s'associent volontiers au financement de nos initiatives en fonction de leur pertinence dans le cadre de leurs propres objectifs. » Des partenaires tels que Business France ou l'ambassade de France en Arabie saoudite. D'ailleurs, reconnaît-il, Génération 2030 a pu se rendre à Djeddah aux frais de l'État français à l'occasion d'un événement culturel organisé en Arabie saoudite par le consulat français. « En tant que partenaire du pavillon français coordonné par le consulat général et sur lequel nous avions pour mission d'identifier, d'accompagner et de connecter plusieurs acteurs clés de l'industrie cinématographique française (écoles, producteurs, réalisateurs) sur le marché du cinéma saoudien, le poste a pu en effet prendre en charge notre déplacement sur le festival 2021. »

« Le pantouflage n'est pas l'apanage des boîtes du CAC 40 », sourit Farah Zaoui, juriste au sein d'Anticor, lorsque je lui fais part de mes interrogations à l'égard de Génération 2030. « C'est plus fin à démontrer que pour des grosses entreprises du CAC 40 car une association a toujours une interface d'intérêt général, mais ça existe aussi. » C'est que durant ces nombreux mois où j'ai cherché à contacter Génération 2030, hormis le silence de l'association qui a éveillé ma curiosité, j'ai constaté plusieurs changements sur son site internet. L'adresse mail qui y était indiquée en septembre 2021, lorsque j'ai envoyé mes premiers courriels, ne fonctionnait pas. À mesure que je poursuivais mon enquête et mes demandes, une nouvelle adresse mail est apparue. Puis le site s'est considérablement enrichi. Y a par exemple été ajouté la liste des « ambassadeurs » de Génération 2030, puis celle des partenaires de la structure. Y ont aussi été modifiées les photos de présentation de Soha Alharbi et de Timothée Dufour. Oublié la veste de tailleur cintrée et le costume cravate digne d'un grand patron sur les photos originelles. Place à la chemisette avec le bord de mer pour toile de fond pour l'un, et à la tunique orange fleurie pour l'autre. Pourquoi un tel changement ? Pour correspondre davantage à l'image avancée d'une association à but non lucratif ?

*

Le royaume saoudien a aussi misé sur les longs formats dans son plan communication. Zoé, la directrice de l'agence de communication ayant travaillé pour Riyad, m'apprend qu'elle s'était « engagée à faire un livre sur les choses qui s'étaient améliorées dans le royaume », à la signature du contrat avec l'ambassade d'Arabie saoudite à Paris. « Il s'agissait surtout de parler de l'évolution depuis l'arrivée de MBS, précise-t-elle. Je l'ai publié dans une maison d'édition pas connue parce que je ne l'assumais pas du tout… Mais bon, c'est pas non plus de la propagande… », m'explique-t-elle, peu convaincue.

Riyad se serait aussi employé à courtiser les maisons d'édition françaises ou les journalistes influents pour leur proposer l'écriture bienveillante de manuscrits portant sur le nouveau visage de l'Arabie.

En octobre 2018, hasard malheureux, quelques jours seulement après la disparition de Jamal Khashoggi, sort en librairie *Le Prince mystère de l'Arabie* rédigé par Christine Ockrent et paru chez Robert Laffont. Dedans, on peut notamment y lire : « L'Arabie Saoudite est le seul pays au monde à avoir interdit aux femmes de conduire, jusqu'à ce que Mohammed ben Salman comprenne l'urgence du changement. Sous couvert de réformes économiques, c'est en fait une révolution sociétale qu'il met en branle. » Pourtant l'épouse de l'ancien ministre des Affaires étrangères sous Nicolas Sarkozy, Bernard Kouchner, de 2007 à 2010. À cette date, Loujain al-Hathloul est en détention depuis six mois.

Dans cet ouvrage, Christine Ockrent omet de préciser le combat mené par la jeune femme pour faire bouger les lignes également : « À la différence des pays voisins, les réseaux sociaux sont libres et n'ont jamais été menacés. » Une affirmation étonnante alors qu'un ancien employé de Twitter, Ahmad Abouammo, accusé par la justice américaine d'avoir soutiré de la plateforme des données personnelles au profit de l'Arabie saoudite, a été reconnu coupable en août 2022 d'espionnage en faveur de l'Arabie saoudite. Le royaume aurait approché Ahmad Abouammo et un autre employé de Twitter fin 2014-début 2015 pour connaître l'identité des voix critiques sur le réseau social. Sur la plateforme, nombreuses sont les « mouches électroniques » comme elles sont nommées, à propager des tweets élogieux à l'égard du royaume saoudien et de son dirigeant MBS. Des petites mains qui, dans des usines à trolls, propagent la propagande du régime et invitent à la délation des « traîtres à la nation ».

Dans le même registre, l'Arabie saoudite est par ailleurs soupçonnée de s'être dotée du logiciel Pegasus de l'entreprise israélienne NSO Group pour espionner des opposants, notamment des proches de Jamal Khashoggi, mais aussi, en octobre 2018, Jeff Bezos, le patron d'Amazon et le propriétaire du *Washington Post* pour lequel Jamal Khashoggi travaillait.

Parmi les autres voix critiques espionnées par Pegasus, Kamel Jendoubi, ancien président du groupe d'experts de l'ONU sur la guerre au Yémen de 2017 à 2021. Il a vu son téléphone piraté suite à la publication de rapports qui ont fortement irrité l'Arabie saoudite, dont il a dénoncé le comportement « d'État-voyou ».

À première vue, la biographie consacrée à MBS par Christine Ockrent paraît nuancée à bien des égards. La journaliste se montre critique à plusieurs endroits à l'encontre du fils du roi Salman. Reste que le livre instille le doute dans l'opinion publique sur la perception du nouvel homme fort de Riyad. Le prince héritier apparaît comme un réformateur qui certes, s'agissant de l'affaire du Ritz-Carlton, n'aurait pas mis les formes pour lutter contre la corruption, mais aurait eu le mérite de s'y attaquer. Elle écrit également : « Quel que soit sur lui le jugement des Occidentaux, choqués par sa brutalité, par son imperméabilité à leurs propres critères moraux et politiques, l'histoire contemporaine du pays porte déjà son empreinte. » En guise de conclusion elle écrit : « L'Arabie saoudite joue plus que jamais un rôle essentiel dans une partie du monde dont dépendent nombre de nos enjeux économiques et sécuritaires. Son système reste opaque et son jeune héros, d'évidence, bien imparfait. Mohammed ben Salman n'en est pas moins le seul dirigeant du monde arabo-musulman à prendre en compte, à sa façon, les attentes de la majorité de sa population, le seul aussi (…) à aborder les fractures du Moyen-Orient avec une approche novatrice, le seul à reconnaître, dans ses limites, les dangers de l'extrémisme musulman. Nous a-t-il bernés sur sa volonté de transformer son pays, ou nous sommes-nous trompés sur les critères pour en juger, au point de confondre son monde et le nôtre ? »

Lors de la promotion de son livre, sur les plateaux de télévision et à la radio, l'ancienne directrice générale de l'Audiovisuel extérieur de la France (AEF), de 2008 à 2011, explique ainsi au micro de France Inter le 25 octobre 2018 : « L'une des erreurs, absolument justifiées, que nous persistons à faire, consiste à appliquer ces mœurs-là qui n'ont rien de politique, qui ont tout de dictatorial (...) à des critères qui sont les nôtres mais qui ne correspondent absolument pas aux leurs. » La journaliste Léa Salamé demande ensuite à Christine Ockrent si l'on « a eu tort en Occident de chanter trop vite les louanges de ce prince soit-disant réformiste. Est-ce qu'il n'est pas, en fait, un despote en gestation ? » Réponse de l'intéressée : « Non, je ne crois pas qu'on ait eu tort. Je crois qu'on a eu raison de l'applaudir. Ce que l'on n'a pas compris, c'est que le réformisme à la saoudienne, ce n'est pas le réformisme à l'occidentale. » Le principe de réalisme invoqué ici pour expliquer les méthodes de MBS, je l'ai entendu dans la bouche de plusieurs de mes interlocuteurs, notamment dans celle de Maurice Gourdault-Montagne. Lors de notre entretien, il m'affirmait : « C'est pas parce qu'on est occidental qu'on a raison, c'est un point de vue. N'essayons pas d'imposer nos valeurs aux autres. L'universalisme à la française, ça ne marche plus. »

Au micro de France Inter, Christine Ockrent, dont le livre s'est vendu à environ 10 000 exemplaires, explique : « On a enfin vu surgir un jeune homme dans cette monarchie où l'on ne voyait que des vieillards dont on ne connaissait pas toujours le degré d'acuité mentale. Ce jeune homme est tout à coup apparu, me semble-t-il à juste titre, comme un interlocuteur légitime pour les Occidentaux. Hélas, sa face noire l'a emporté. »

Sur le plateau de TV5 Monde, elle assure que MBS « a mis en prison beaucoup de progressistes, mais encore plus de religieux ultra-conservateurs ». Dans une vidéo publiée par Konbini, elle tempère l'éventuelle responsabilité du prince héritier dans l'assassinat du journaliste en affirmant : « MBS est soupçonné d'avoir commandité un meurtre qui ressemble à un mauvais polar à la sauce turque (...) Le problème, c'est que le président turc Erdoğan a nourri la presse internationale de détails macabres (...) sans jamais apporter vraiment de preuves. »

J'ai contacté Christine Ockrent pour savoir si elle regrettait certains de ses propos de l'époque. Je lui ai demandé si elle avait été approchée, d'une façon ou d'une autre, par la monarchie wahhabite pour réaliser cet ouvrage et si elle regrettait ses propos. Elle m'a rétorqué que mon « message [était] insultant et factuellement erroné », mais n'a pas répondu à ces questions. L'ex-présidente de sa maison d'édition, Robert Laffont, Cécile Boyer-Runge, désormais directrice générale des éditions Points, m'a, elle, juré le contraire.

La maison d'édition s'était vu proposer le rachat des droits en arabe du livre *Dr. Saoud et Mr. Djihad* pour qu'il ne puisse pas être diffusé en langue arabe, comme l'affirme son auteur, Pierre Conesa, dans son dernier ouvrage.

Cette pratique ne serait pas nouvelle. Elle ne daterait pas du temps de MBS. De coquettes sommes d'argent auraient été proposées par Riyad pour le rachat des droits d'auteur de livres qu'elle ne souhaitait plus voir sur le marché, m'assurent plusieurs sources. À la fin des années 1990, l'Arabie saoudite aurait approché les éditions Albin Michel pour l'achat d'un essai mordant rédigé par l'ancien ambassadeur de France à Riyad, Jean Brossot, de son nom de plume Jean-Michel Foulquier. *Arabie séoudite : la dictature protégée* était paru en 1995. Contactée, la maison d'édition paraît d'abord gênée. L'attachée de presse du livre à l'époque, toujours en poste, ne parvient pas à me dire si l'Arabie saoudite a réellement proposé de racheter les droits du livre pour éviter une réimpression. Elle ne retrouve pas non plus le nom de l'éditeur d'alors qui serait pourtant à même de me mettre en contact avec Jean Brossot, l'auteur du livre. « Ma mémoire me joue des tours, s'excuse-t-elle à l'autre bout du fil, c'était il y a longtemps. » Je contacte alors Agnès Fruman, secrétaire générale d'Albin Michel. En guise de réponse, je recevrai un mail de son assistante m'informant : « Nous avons rendu ses droits à l'auteur en 2012 et n'avons pas d'autre information dans nos dossiers. »

Un autre diplomate, Louis Blin, ancien consul général à Djeddah, a publié des livres au sujet de l'Arabie saoudite, plutôt caressants vis-à-vis du régime actuel. En février 2019, paraissait *La Découverte de l'Arabie par les*

Français, aux éditions Geuthner, qui regroupe des textes d'auteurs prestigieux tels que Victor Hugo, Alexandre Dumas, Jules Verne, Albert Londres ou Joseph Kessel, portant sur la ville de Djeddah. En septembre 2021, est publié *L'Arabie saoudite, de l'or noir à la mer Rouge*, aux éditions Eyrolles, dans lequel Louis Blin explique que le pays « a entamé une révolution silencieuse dont on a mal pris la mesure ». Raison pour laquelle le résumé que l'on peut trouver du livre certifie : « On comprend à sa lecture, combien anachroniques deviennent les clichés d'obscurantisme wahhabite ou de pays de l'or noir associés à l'Arabie saoudite. » En juin 2022, enfin, sort l'ouvrage *La Ligue islamique mondiale : le renouveau musulman ?*, dans lequel Louis Blin écrit que « le dénigrement de la Ligue islamique mondiale (LIM) va de pair avec celui de l'Arabie saoudite et du wahhabisme, dérivant par ignorance dans l'anti-saoudisme, si ce n'est l'islamophobie », et que « les pourfendeurs de la LIM la caricaturent comme l'arme d'un pays voulant wahhabiser les musulmans du monde entier en les achetant ». Il y dénigre une tribune publiée par le quotidien *Le Monde* le 25 septembre 2019, dans laquelle l'anthropologue Florence Bergeaud-Blackler affirme que la LIM est un « organe sous influence saoudienne de prédication du salafisme wahhabite, version agressive de l'islam, (agissant) à bas bruit, distribuant méthodiquement ses pétrodollars sur tous les continents ».

*

Chez les communicants, on aime compliquer les choses. Parmi les missions confiées par le royaume wahhabite à l'agence de communication de Daphné Claude, Steele & Holt, aurait été celle d'assurer la communication autour de la création d'un opéra et d'un orchestre national à Djeddah, en partenariat avec l'Opéra de Paris. Un fait démenti par Daphné Claude qui m'assure être « mal renseignée, ne pas pouvoir répondre » lorsque je l'interroge à ce sujet. « Cela nous a été présenté à l'époque rue de Valois par le ministère français de la Culture, m'assure pourtant un ancien haut responsable de l'Opéra de Paris. On nous avait expliqué que c'était Steele & Holt qui gérait le dossier. L'affaire nous a vraiment été poussée par l'agence. À l'époque, on était en contact avec HOA, une agence de communication dirigée par Sophie Mougin, poursuit-il. J'avais compris qu'elle travaillait avec Steele & Holt pour servir d'intermédiaire avec les Saoudiens. C'était elle qui était en charge de la réunion au ministère de la Culture pour présenter le projet. » Ce que « conteste » Sophie Mougin, qui a refusé de répondre à mes questions. L'ancien salarié de l'Opéra se souvient lui de son côté : « Nous, à l'Opéra, on ne savait pas très bien avec qui il fallait signer, ce n'était vraiment pas clair. » Ce que reconnaît Daphné Claude : « Il y avait des tas d'intervenants sur des tas de sujets. On ne savait plus qui faisait quoi. Chaque ministre cherchait juste à montrer à quel point il brillait devant MBS. Toujours des histoires de luttes de clans. Gros bordel. Chaque ministère avait sa propre agence. Ridicule. » Avant de conclure : « Notre contrat avec le ministère de la Culture a explosé peu de temps après la visite de MBS en France. J'ai réalisé rapidement que ce n'était pas du tout dans l'ADN de l'agence, que ce n'était pas le type de missions que nous voulions faire. Ou avec lesquelles nous voulions être associés. »

L'État français a de son côté fait entrer dans les arcanes du pouvoir d'anciens lobbyistes agissant pour le compte de l'Arabie saoudite.

5. *Des lobbyistes pro-saoudiens dans nos institutions*

> « Si l'ensemble de ces questions vise à écrire (…) que j'étais « un agent d'influence de l'Arabie saoudite à l'Élysée », libre à vous. Ça ne sera pas du journalisme mais du roman style John Le Carré, qui a aussi ses charmes. »
>
> Sylvain Fort,
> ancien responsable du pôle communication de l'Élysée

55, rue du Faubourg Saint-Honoré. À l'Élysée, en ce mois de mai 2017, le champagne a été sabré pour célébrer la victoire à la présidentielle d'Emmanuel Macron. Les conseillers de l'ombre du nouveau président, installés aux plus hauts postes, admirent les jardins du Château. Un cadre plus étincelant que les bureaux parisiens qu'ils occupaient jusque-là dans le privé lorsqu'ils travaillaient pour différents lobbies, dont celui de l'Arabie saoudite.

Le premier d'entre eux ? Clément Léonarduzzi, directeur de la stratégie et de la communication d'Emmanuel

Macron jusqu'en mai 2022. L'ancien responsable du pôle communication à l'Élysée était, avant de rejoindre le Château, le président du groupe Publicis Consultants. Le même qui assurait l'image du royaume saoudien.

Autre ancien fidèle du président à avoir croisé le chemin des Saoudiens : Sylvain Fort, en charge du pôle communication de l'Élysée d'octobre 2018 à janvier 2019. Présenté par certains comme l'un des go-between entre la France et l'Arabie saoudite, il arrivait de l'agence de communication Steele & Holt. Celle qu'il a fondée avec Daphné Claude en 2013. L'origine de son appellation provient du nom d'un cabinet anglo-saxon, qui en réalité est une blague, indique *Le Monde*, ayant pour référence une série américaine des années 1980, *Les Enquêtes de Remington Steele*, mettant en scène un voleur devenu détective et son associée, Laura Holt. Sylvain Fort a été le DG de Steele & Holt jusqu'en 2017. Dans le même temps, il était le directeur de la communication, depuis septembre 2016, du candidat d'En Marche !, Emmanuel Macron, à la présidentielle de 2017.

Féru d'opéra, c'est lui qui avait proposé au baryton Jean-Philippe Lafont de devenir le coach vocal de l'ancien ministre de l'Économie. C'est à lui que l'on doit l'envolée lyrique du « prooojet » prôné par Emmanuel Macron lors de son premier grand meeting en tant que candidat, en décembre 2016. À lui que l'on doit aussi, le soir de la victoire sur l'esplanade, la parade du Louvre au son de l'*Hymne à la joie*, version d'Herbert von Karajan, dont il a rédigé une biographie.

Avant cela, au sein de Steele & Holt, agence spécialisée dans la finance qui « vise les gestionnaires d'actifs et les banquiers d'affaires », explique *Le Monde*, il a eu pour client CDC International Capital, une filiale de la Caisse des dépôts qui négociait avec le prince al-Walid, fin 2014, la création d'un fonds d'investissement commun. À l'époque, Emmanuel Macron, ministre de l'Économie, a d'ailleurs pris part aux négociations avec le prince dans l'optique de créer ce fonds d'investissement franco-saoudien (FIFS), qui a vu le jour en 2016. Conseil de la partie française, Steele & Holt est remarqué par les Saoudiens. C'est ainsi que Sylvain Fort serait entré en contact avec les réseaux de l'Arabie saoudite. Ce qu'il nie. « Vous êtes mal renseignée : mon agence a eu un contrat avec une entité de la Caisse des dépôts qui a pu en effet travailler entre autres avec Al-Walid, mais nous n'avons jamais eu de contact direct ni de relation commerciale avec lui. »

Lorsque je le contacte, Sylvain Fort n'est pas disposé à me parler de vive voix, comme sa consœur Daphné Claude. Je dois là aussi me satisfaire de réponses écrites. Quid des relations entre la France et l'Arabie saoudite dans le domaine de la communication ? D'un éventuel partenariat pour la création d'un opéra au royaume wahhabite ?

« J'ignorais même qu'il y eût un opéra à Riyad ! Vous m'en apprenez tout, et cela m'intrigue beaucoup. Je vous aiderais volontiers mais je n'ai aucune idée sur ce sujet, promet-il. Vous présumez sans doute de ma compétence sur la base d'un article paru jadis, indiquant que j'avais eu à connaître de ces sujets avant mon passage par l'Élysée. Cet article était erroné puisque l'agence de com' que j'avais fondée et dont j'avais revendu les parts avant de rejoindre l'Élysée a obtenu un contrat de cette nature bien après mon départ. Contrat dont, par ailleurs, j'ignore le contenu exact. Ayant pris soin de ne conserver aucune action de S&H au moment de mon arrivée à l'Élysée, je n'ai même pas indirectement touché le moindre fruit de ce contrat. J'espère ne pas vous décevoir affreusement. »

Sylvain Fort a en effet cédé ses parts de Steele & Holt à une société créée à cet effet, dont il est le propriétaire et l'unique actionnaire : Nibelungen. Elle tire son nom d'un opéra de Richard Wagner inspiré de légendes germaniques dans lesquelles des nains, qui possédaient de grandes richesses tirées des mines à côté desquelles ils vivaient, se nommaient les Nibelungen. Société par action simplifiée au capital social de 450 000 euros, elle a été enregistrée le 15 septembre 2016 au registre du commerce. Elle exerçait les fonctions de mandataire social pour Steele & Holt jusqu'à sa dissolution en novembre 2017. Sylvain Fort en a été nommé président en août 2017. Or, en mai 2017, il rejoignait officiellement le cabinet de la présidence de la République comme conseiller chargé des discours et de la mémoire, un poste pour lequel il avait notamment la responsabilité des relations avec les intellectuels. « Même s'il ne faisait plus officiellement partie de Steele & Holt, il était encore derrière », assure une source qui tient à garder l'anonymat.

Ce dont se défend l'intéressé. « Dès la nomination, j'ai démissionné de mon emploi chez Steele & Holt, dont j'étais salarié, et également démissionné de mon mandat social, qui était porté par Nibelungen. Cette société n'est rien d'autre qu'une personne morale portant mes parts dans la société. C'est un schéma classique lorsqu'il y a plusieurs actionnaires, que je n'ai pas adopté au début de S&H mais en 2016, mon associée ayant opté pour le même schéma. Démissionner de cet emploi et du mandat social est à effet immédiat, mais dans le cas du mandat social il y a un formalisme juridique et des délais d'enregistrement au greffe qui font que la démission apparaît au 31 août alors qu'elle a été, en réalité, immédiate et matérialisée comme telle par courrier. Ce processus a été mené en totale transparence avec la commission de déontologie qui l'a validé sans aucune réserve. » Nibelungen a cédé ses parts à une autre société, Dajava, créée elle aussi le 15 septembre 2016 par Daphné Claude, qui en est la gérante.

Je n'ai pas été en mesure de savoir si le contrat de l'agence avec le royaume saoudien courait à la date de la dissolution de la société de Sylvain Fort. Daphné Claude affirme en tout cas le contraire. Selon elle, ce contrat de huit mois aurait démarré en « janvier-février 2018 » et aurait pris fin en juillet 2018. « Je sais que vous essayez de faire un lien avec Sylvain, mais il n'y en a pas. Vous êtes en train de fouiller, mais je vous ai tout donné. » Mes tentatives de clarifications auprès du principal intéressé se sont quant à elles transformées en philippiques dans une avalanche de mails.

« Ces éclaircissements ne sont pas faits pour servir de contrepoint à votre narratif mais pour en dissiper la logique fallacieuse. Je compte en retour sur votre professionnalisme pour en tenir compte. Je n'hésiterai pas à donner toutes les suites nécessaires à tout propos qui m'imputerait ces conflits d'intérêts imaginaires. »

Que des conseillers ministériels, directeurs de cabinet, ou des conseillers spéciaux aient fait leurs armes dans des cabinets de conseil, c'est très courant depuis l'arrivée au pouvoir d'Emmanuel Macron. Sur 298 conseillers ministériels nommés en 2017, 43 avaient été lobbyistes à un moment de leur carrière.

Rien d'étonnant que l'ancienne conseillère communication du Premier ministre Jean Castex jusqu'à mai 2022, Mayada Boulos, ait aussi le même profil. Ancienne directrice générale adjointe de Havas, elle était chargée, au sein du pôle influence de l'agence, de 2016 à l'été 2020, date de son recrutement à Matignon, de mener l'opération de lobbying saoudienne.

Interrogée par Mediapart, elle se dédouanait en assurant que le client mandatant Havas n'était pas l'État d'Arabie saoudite mais la Fondation Misk. Elle indiquait que sa mission portait sur le développement du site touristique d'Al-Ula, affirmant que « les sujets diplomatiques ou régaliens ne faisaient pas partie de la mission » qui lui avait été confiée. C'est ce que l'on appelle les portes tournantes, le fait de naviguer dans plusieurs eaux, qu'elles soient publiques ou privées. Comment être objective après avoir eu une sensibilité particulière pour un pays du fait de relations d'affaires passées ? Un fait d'autant plus problématique qu'en rejoignant ensuite la communication publique, les communicants occupent des postes financés sur des fonds publics.

*

Voyages tous frais payés, cadeaux de toute nature : l'Arabie saoudite n'a pas lésiné sur les moyens pour amadouer nos élus. Ce qui n'est ni plus ni moins qu'« une stratégie d'influence, donc une forme de corruption », analyse Sophie Lemaître, juriste au sein de U4 Anti-Corruption Resource Centre, un centre de recherche indépendant travaillant sur les impacts de la corruption, et la manière de s'en prévaloir, basé en Norvège. Elle me raconte dans un café parisien que « la corruption prend différentes formes. C'est de plus en plus rare que cela se traduise par du cash, décrypte-t-elle, surtout s'agissant de l'Arabie saoudite ». En échange, précise Sophie Lemaître, « il s'agit d'adopter des résolutions en leur faveur au Parlement européen ou dans les parlements nationaux ». Ou, a contrario, de s'abstenir ou de voter contre une résolution contraignante. Ou encore d'organiser au sein de nos assemblées des réunions favorables au pays en question. Cette manière d'acheter certains parlementaires n'est pas sans contrepartie. « Comment peut-on être indépendant quand les voyages, les frais de mission sont payés par le pays qui invite ? Comment les parlementaires peuvent-ils ensuite garder un regard critique ? poursuit la juriste. En leur donnant des avantages, ça complique pour eux la liberté de critiquer la main nourricière. »

Entre juin 2017 et octobre 2018, le royaume wahhabite est l'État qui a le plus invité d'élus français sur son territoire. Quatorze députés se sont rendus dans le pays des Lieux saints durant les premiers mois de leur législature, en plus de neuf sénateurs français.

Parmi eux, Nathalie Goulet. Entre 2014 et 2022, elle est de loin la parlementaire à avoir le plus foulé le sol saoudien. Officiellement, durant cette période, elle s'y est rendue huit fois, entièrement aux frais du royaume. Presque autant que pour le Liban, où elle est allée sept fois, mais bien moins qu'en Ouzbékistan, Azerbaïdjan ou encore en Égypte, pour ne citer que ces pays où elle a répondu favorablement aux sollicitations.

En janvier 2016, la sénatrice UDI (Union des démocrates et indépendants) de l'Orne conduit ainsi une délégation du groupe interparlementaire d'amitié France-Pays du Golfe en Arabie saoudite, qui a pris en charge la totalité du voyage. Quatre mois après, elle organise un colloque au Sénat portant sur « les nouveaux visages de l'Arabie saoudite ». À cette occasion, l'ancien consul de France à Djeddah de 2012 à 2015, Louis Blin, ouvre le colloque en assurant que « l'Arabie saoudite n'était pas un Daech qui avait réussi », en référence à une tribune rédigée par l'écrivain algérien Kamel Daoud. Devenu consul général d'Agadir en mars 2022, il n'est pas en reste pour prendre la défense de l'Arabie saoudite en France ou dans nos institutions présentes à l'étranger. En mai 2019, il intervenait dans une conférence portant sur la redécouverte de l'Arabie, « au-delà des préjugés », à l'Alliance française de Dubaï. En octobre 2021, il était au Centre arabe de recherches et d'études politiques à Paris pour parler des « transformations en cours » à Riyad. Mais aussi, quelques jours plus tard, à l'Institut de relations internationales et stratégiques (IRIS), aux côtés de François-Aïssa Touazi, dont on sera amené à parler plus longuement. Ou encore à l'Institut de recherche et d'études Méditerranée Moyen-Orient (iReMMO) pour vanter une fois de plus les évolutions du pays de l'or noir.

Nathalie Goulet, de son côté, a en outre permis, à l'été 2016, à Christian Derouet, un élu de son département, maire de la petite commune de Lonlay-l'Abbaye, de recevoir de la part d'une fondation saoudienne, la Fondation Wafi, un chèque de 50 000 euros pour la restauration du presbytère de sa commune. Un chèque empoché grâce à l'entregent de l'ambassade saoudienne à Paris, dit-il, « à la suite de contacts noués en tant qu'élu lors de divers colloques auxquels j'ai participé à Paris. J'ai appris que des pays comme le Qatar ou l'Arabie saoudite étaient soucieux de soigner leur image en attribuant certaines aides. J'ai fait appel aux relations de

Nathalie Goulet dans le Proche-Orient pour un dernier coup de pouce ». La sénatrice le reconnaît, « le maire a demandé des aides. Moi je lui ai donné un numéro, quelques adresses ici et là ».

En mars 2018, la sénatrice parraine un nouveau colloque au Sénat avec pour thème, cette fois, l'antiterrorisme au Yémen, au Liban, et en Syrie. Invité d'honneur de cette conférence ? Le général Ahmed al-Assiri, le militaire francophone à la tête de la coalition au Yémen soupçonné d'être le numéro un du commando de l'assassinat de Jamal Khashoggi.

Nathalie Goulet se rendra quelques semaines plus tard au Yémen, encadrée par l'Arabie saoudite. En juin 2018, elle est de nouveau à la tête d'une délégation parlementaire en visite en Arabie saoudite et au Yémen. Un voyage là aussi financé en partie par Riyad. « Nous avons vu la réalité sur le terrain, notamment l'aide humanitaire apportée par le King Salman Relief Centre, ce qui vaut plus que tous les débats sur le Yémen », déclare-t-elle. C'est vrai, « aucune délégation de parlementaires ne s'était jamais rendue dans ce pays depuis qu'il est en guerre », souligne le sénateur centriste Hervé Maurey, également de la partie pour ce déplacement. « Nous avons pu visiter un hôpital qui accueille des blessés amputés (…), des camps de réfugiés. Quelques heures riches d'émotions et d'enseignements sous haute protection. »

Sous haute protection, cela va sans dire. La délégation française a été hautement encadrée par l'armée saoudienne elle-même. Impossible de s'aventurer pour voir autre chose que ce qui avait été millimétré.

Le détour par le Yémen aurait d'ailleurs été imposé à nos six parlementaires. Selon un collaborateur parlementaire, « cette fameuse mission du groupe d'amitié France-Arabie saoudite conduite par Nathalie Goulet qui se retrouve au Yémen, ça n'était pas prévu, m'assure-t-il dans un bureau froid du palais du Luxembourg. Ils s'y sont retrouvés sans l'avoir consenti au préalable. Les Saoudiens voulaient leur montrer combien ils prenaient soin des réfugiés yéménites, les mêmes qu'ils tapaient sur le terrain, poursuit-il. Xavier Iacovelli devrait parler car il était très scandalisé. Il a été extrêmement surpris de la façon dont ça s'est passé, me confie-t-il. Après, est-ce qu'il aura une liberté de parole ? Vous verrez… » Xavier Iacovelli, sénateur PS des Hauts-de-Seine, un des six parlementaires du voyage, n'a jamais répondu à mes sollicitations.

Tout comme Jean-Baptiste Moreau, alors président du groupe d'amitié France-Arabie saoudite à l'Assemblée nationale. Après un rendez-vous convenu en distanciel en raison des mesures sanitaires liées à la Covid-19, l'ex-député LREM de la Creuse, porte-parole de LREM quand je l'ai contacté, a finalement annulé notre entretien. « Urgence de dernière minute. Je vous tiens au courant pour un nouveau créneau », promettait son assistante parlementaire. Malgré mes appels et mes relances, je n'ai jamais décroché de nouveau rendez-vous. « Ne cherchez pas, me décrypte l'attaché parlementaire, c'est ni plus ni moins qu'il a reçu des directives du Quai d'Orsay. »

Le ministère des Affaires étrangères, qui avait donné son aval pour cette bifurcation au Yémen, a tâché de déguiser les contours de ce déplacement pour ne pas être mêlé publiquement à cette visite. Côté Sénat, il avait été demandé de ne rien divulguer de ce voyage sur le site internet de l'institution. C'était sans compter l'ambassade de France à Riyad, qui avait déjà publié sur son compte Twitter à propos de la présence de la délégation au sein du royaume, ainsi que le post Facebook d'un des parlementaires. L'ambassadeur de France lui-même, François Gouyette, accompagnait les parlementaires durant ce « road-show » pour reprendre les mots de Mathilde, la consultante en communication qui a œuvré à améliorer l'image de l'Arabie saoudite dès le début des années 2000.

Fabien Gouttefarde, ex-député LREM à avoir été de ladite délégation, assure pour sa part que le passage au Yémen était bien prévu. Et me garantit : « Nous avons eu l'opportunité de voir une partie de la réalité de ce conflit, invités et accompagnés par la coalition (...) mais nous ne sommes pas là pour faire de la publicité ou être les idiots utiles de l'Arabie saoudite. »

Durant cette visite éclair, Fabien Gouttefarde et ses comparses n'ont pas eu l'occasion de discuter du Yémen avec l'Arabie saoudite, ni même de rencontrer du personnel représentant de Sanaa. Lors de ce premier et unique mandat, l'ancien député était pourtant le président du groupe d'amitié France-Yémen à l'Assemblée nationale quand il s'est rendu en terrain yéménite. « Il faut quand même que vous, journalistes ou chercheurs, vous compreniez qu'un groupe d'amitié, c'est relativement bas dans les priorités de l'agenda et des sujets d'un parlementaire, s'agace-t-il. Ça vient derrière les projets de loi à l'hémicycle, derrière la Constitution, derrière les groupes d'études où on se spécialise sur une thématique. C'est un peu ce qu'il reste quand on a une heure à tuer dans un trimestre. »

L'ancien député reste néanmoins lucide sur le lobbying de Riyad. Il a eu affaire à une autre pratique saoudienne visant à influencer nos institutions démocratiques : celle des sondages.

Au printemps 2019, il est l'un de ces parlementaires à avoir reçu un email comprenant un questionnaire portant sur la perception de l'Arabie saoudite. « Que devrait faire l'Arabie saoudite pour avoir une image plus positive dans les affaires mondiales ? », « Sur une échelle de 1 à 10, comment classez-vous l'Arabie saoudite en matière de droits de l'homme ? » À la clé, une récompense de 80 euros. La seule fois de son mandat où il a reçu ce type de demande, m'assure-t-il, il a refusé. « Je veux bien qu'on soit un peu bleus, rit-il, mais ça nous a paru étrange d'être rémunérés par l'Arabie saoudite pour répondre à un sondage sur l'Arabie saoudite. On aurait été plus à l'aise si on ne nous avait pas promis cet argent. Il y a une forme de connivence financière dans laquelle il ne faut pas rentrer, même si les sommes sont modiques, m'explique-t-il. On pourrait considérer qu'en étant payé pour le faire, on a tout intérêt à adoucir nos propos si on a des critiques à émettre », décode Fabien Gouttefarde.

À ce jeu, le royaume saoudien n'a pas courtisé que le Parlement français. Il a aussi tenté d'évaluer son image auprès de nos universitaires, à en croire Pierre Conesa. Dans son ouvrage *Le Lobby saoudien en France. Comment vendre un pays invendable*, il affirme que les universitaires approchés étaient invités – moyennant un chèque de 90 euros et la garantie de la confidentialité de l'échange – à répondre par téléphone à un questionnaire portant sur l'évolution du pays depuis l'arrivée au pouvoir de MBS. Des panels auraient été effectués sur LinkedIn pour repérer les influenceurs à interroger. Depuis son salon, il me raconte : « Il s'agit pour la monarchie de miser sur ceux qui ont un carnet d'adresses et qui sont influents. Ce lobby, c'est le seul en France qui a vocation à ce que l'on ne parle pas du pays, sauf s'il faut en dire un peu de bien. L'idée est de taire les évidences. Ils ont acheté le silence. »

*

Février 2016, Strasbourg. Les eurodéputés se penchent sur une résolution visant à faire cesser les ventes d'armes à destination du royaume wahhabite en raison de la guerre qui fait rage au Yémen. Parmi nos élus, Rachida Dati. Elle qui critiquait ouvertement la France pour son manque de fermeté à l'égard de l'Arabie saoudite cinq mois auparavant, vote contre la résolution de l'institution européenne sanctionnant le royaume saoudien. Huit mois plus tard, en octobre 2016, elle s'envole pour Riyad aux frais du royaume. « Elle n'effectuait pourtant jamais de visite officielle avec nos délégations européennes lorsqu'elle était eurodéputée... », glousse un ancien eurodéputé, qui tient à rappeler « qu'elle n'était pas bosseuse, ce n'est un secret pour personne ». En février 2017, l'ancienne garde des Sceaux parraine à Bruxelles une conférence sur « la lutte contre le financement du terrorisme dans la région du Golfe », qui se révèle être une opération de propagande anti-Qatar, visant à faire porter à Doha l'entière responsabilité du financement du terrorisme. Elle était pourtant jusque-là une fervente défenseuse de l'émirat. Une autre ancienne ministre régalienne siégeant à l'époque au Parlement européen ne s'est pas contentée, comme Rachida Dati, de voter contre la résolution visant à stopper les ventes d'armes.

En 2015, Michèle Alliot-Marie dépose un amendement à un rapport sur la situation des droits de l'homme portant sur l'application de la peine de mort dans le monde. Celle qui fut tour à tour ministre de la Défense, ministre de l'Intérieur, ministre de la Justice et ministre des Affaires étrangères, proposait de retirer l'Arabie saoudite de la liste des pays où l'on dénonçait un accroissement des exécutions. Le royaume figurait pourtant parmi les trois États au monde, avec l'Iran et le Pakistan, où les exécutions avaient drastiquement augmenté ces dernières années. C'est le cas encore aujourd'hui. En mars 2022, Riyad a décapité 81 condamnés à mort en une journée – soit la plus importante opération collective réalisée dans le royaume depuis des décennies. « Une exécution de masse », selon les propres mots du haut-commissaire aux droits de l'homme à l'ONU, Michelle Bachelet.

Pour rappel, la charia, la loi islamique qui prévaut dans le royaume, considère notamment la sorcellerie, l'adultère, la sodomie ou l'homosexualité comme étant passibles de la peine capitale. Cela vaut aussi pour les personnes mineures au moment des faits.

Michèle Alliot-Marie et Rachida Dati le savaient-elles ? Elles étaient en tout cas toutes deux membres du groupe parlementaire dédié aux relations avec la péninsule arabique lors de leur mandat en tant qu'eurodéputées, Michèle Alliot-Marie étant la présidente.

En 2018, les deux femmes récidivent : elles votent, comme 27 autres eurodéputés, contre une résolution condamnant la situation des femmes en Arabie saoudite et l'emprisonnement de plusieurs militantes féministes, dont Loujain al-Hathloul. 525 eurodéputés s'étaient prononcés en faveur de cette résolution.

La même année, elles s'opposaient aussi une nouvelle fois à une résolution visant à faire cesser les ventes d'armes vers la monarchie saoudienne en raison de la guerre au Yémen. Quelles étaient leurs motivations ? Les deux anciennes ministres n'ont pas répondu à mes demandes d'interview.

« La France est très discrète concernant l'Arabie saoudite. Elle est la championne de la discrétion. Or, la discrétion est une position. Ne rien dire, c'est aussi une position. Je ne voyais pas beaucoup de Français parmi les signataires de proposition de résolution concernant la situation humanitaire au Yémen. Qu'est-ce que cela signifie ? Que les Français avaient très probablement reçu un signal du Quai d'Orsay leur disant "ne vous mêlez pas de ça, la France n'a pas intérêt à participer à ce débat" », croit savoir un ancien membre de la sous-commission des droits de l'homme au Parlement européen.

Dans les couloirs de Bruxelles, l'ombre de Riyad plane de diverses manières. En 2015, parmi les missions commandées par l'Arabie saoudite à MSL, la filiale de Publicis basée à Bruxelles, figurait celle, non moins importante, d'obtenir le soutien de l'Union européenne contre une loi américaine qui donnerait la possibilité aux familles des victimes du 11 Septembre de poursuivre la monarchie islamiste.

À l'heure où MBS veut se montrer sous son meilleur jour, le dossier n'a pas intérêt à revenir sur la table. Le royaume wahhabite doit alors cajoler les eurodéputés pour obtenir leur indulgence et enterrer la question des attentats de 2001. À l'époque, les attaques terroristes entraînent un examen minutieux du soutien apporté par Salman, alors gouverneur de Riyad, aux organisations caritatives islamiques. Il apparaît que certaines d'entre elles ont détourné de l'argent à des fins terroristes.

Si la monarchie pétrolière a toujours nié toute implication dans l'effondrement du World Trade Center et qu'elle a été blanchie par une commission d'enquête américaine en 2004, nombreux sont pourtant ceux à dénoncer le rôle de Riyad dans la réalisation du 11 Septembre. À commencer par l'ancien co-président de cette commission, le sénateur démocrate Bob Graham, qui a assuré que les passages incriminant l'Arabie saoudite n'ont jamais été publiés. Un avis partagé par Alain Chouet, ancien chef du service renseignement et sécurité à la Direction générale de la sécurité extérieure (DGSE). Il attendait avec impatience la déclassification de notes du FBI renforçant les soupçons d'implication de Riyad dans l'attaque des tours jumelles revendiquées par Al-Qaïda. Sous l'administration Biden, l'une d'elles a eu lieu en septembre 2021. Si le document ne fournit pas les preuves d'une responsabilité directe du royaume dans les attentats, il en ressort que les autorités saoudiennes ont eu connaissance du projet et n'ont pas tenté de l'empêcher. « Le FBI devait en avoir ras le pompon que les coupables des attentats du 11 Septembre ne soient pas désignés », commente Alain Chouet. Il va plus loin. « De ces documents, dont certains ne sont toujours pas sortis, il ressort que le patron de la logistique des attentats était le directeur de cabinet d'un prince qui, à l'époque, était ambassadeur à Washington, et est ensuite devenu directeur des services spéciaux, m'assure-t-il. Et je vous rappelle que le financement du terrorisme avec des fonds d'État des pays du Golfe, notamment saoudiens, a continué jusqu'en 2013, souligne-t-il. Ensuite, il s'est agi de fonds privés de la part de certains princes de la famille saoudienne », expose l'ancien de la DGSE. Il dénonce depuis des années la responsabilité des Occidentaux dans le fait d'avoir fermé les yeux sur le double jeu des pétromonarchies, dont l'Arabie saoudite. « On n'a pas oublié que sur dix-neuf des kamikazes, quinze étaient saoudiens. On n'a pas voulu le savoir. En France, dès que l'on parle de l'Arabie saoudite, on met des lunettes en contreplaqué, on ne veut pas voir les choses », blâme-t-il.

Un constat amer partagé par Lina al-Hathloul, la petite sœur de Loujain al-Hathloul, militante féministe arrêtée pour avoir réclamé le droit de conduire. Emprisonnée pendant 1 001 jours, elle a été victime de tortures et de violences sexuelles durant sa détention, avant que sa libération ne soit accompagnée d'une assignation à résidence. « La campagne de séduction de MBS était parfaite », acquiesce la jeune femme depuis la Belgique. Elle y est réfugiée en raison des menaces qui pèsent toujours sur sa sœur. Malgré sa libération, elle et ses parents ont toujours interdiction de quitter le territoire. « Il avait les bons mots, la bonne attitude. Il a été fort. Je comprends que la France ait pensé à ce moment-là que c'était un réformateur, et qu'elle ait voulu coopérer avec lui. Il n'avait pas encore commis de crimes en tant que prince héritier. Mais après une guerre, un embargo sur un pays, un journaliste découpé en morceaux dans un consulat, des femmes torturées en prison, on ne peut plus fermer les yeux. On ne peut plus croire au MBS qui tient à changer le pays de façon positive. »

Au sein du Conseil des droits de l'homme des Nations unies, on estime aussi que la France est en retard sur la question. Au cours de la seule année 2020, elle s'est opposée ou a rejoint tardivement les efforts menés par ses alliés européens pour examiner les violations des droits humains en Arabie saoudite ou au Yémen, et ainsi obliger les responsables à rendre des comptes. Le 14 septembre 2020, le Danemark présentait devant le Conseil des droits de l'homme de l'ONU une déclaration conjointe sur l'Arabie saoudite où étaient exprimées les « préoccupations quant aux rapports faisant état de torture, de décision arbitraire, de disparitions forcées, et de discrimination persistante vis-à-vis des femmes et des filles ». Alors qu'elle a été d'emblée signée par vingt-neuf États, Paris l'a approuvée quelques jours après sa lecture au Conseil. « La France se revendique comme le berceau des droits de l'homme et du citoyen, on pourrait espérer de sa part une voix et un rôle forts guidés par ces principes », estime alors Human Rights Watch.

À défaut de s'aligner sur une position occidentale ferme et commune, la France préfère jouer cavalier seul. Le président Emmanuel Macron a attendu deux mois après l'assassinat de Jamal Khashoggi, pour exprimer timidement mais publiquement une critique à l'encontre du royaume saoudien. Il a fini par interdire le territoire national à dix-huit ressortissants saoudiens, dont certains membres du commando responsables de l'assassinat de Jamal Khashoggi, plusieurs semaines après que Washington, Londres et Berlin lui eurent ouvert la voie. Le chef de l'État a par ailleurs raillé la décision d'Angela Merkel, alors chancelière allemande, de mener un embargo sur les livraisons d'armes allemandes à l'Arabie saoudite, en la qualifiant de « pure démagogie ».

Lorsqu'il a été question, au Conseil des droits de l'homme de l'ONU, de renouveler le mandat d'un groupe d'experts enquêtant au Yémen pour collecter les preuves de crimes de guerre de toutes les parties au conflit, la France, agacée d'être montrée du doigt comme étant l'un des pays tiers fournissant des armes, s'est d'abord opposée au renforcement de la mission des experts, avant de faire marche arrière. Le groupe d'experts de l'ONU sur la guerre au Yémen a vu son mandat être interrompu en octobre 2021 après une intense campagne de lobbying menée par l'Arabie saoudite. Kamel Jendoubi, dont le téléphone avait été piraté par Pegasus, en était le président. Il a subi des pressions et des intimidations. « Même des diplomates occidentaux m'ont approché, cherchant à me dissuader d'une telle publication (des rapports émis par le groupe d'experts), arguant que le moment n'était pas opportun », affirmait-il dans un entretien accordé à *La Croix* en décembre 2021.

À la même période, la candidature de l'Arabie saoudite pour rejoindre le Conseil des droits de l'homme de l'ONU était examinée par les pays membres de l'institution.

L'Allemagne, la Belgique et le Canada notamment s'y sont opposés et en ont profité pour dénoncer la politique répressive et discriminatoire de Riyad en matière de droits de l'homme. La France est restée muette.

« La France ne s'est pas non plus exprimée dans le cas de ma sœur, déplore Lina al-Hathloul. Même juste une déclaration publique par rapport à Loujain aurait pu opérer un changement. Cela n'a jamais été fait. » Emmanuel Macron avait pourtant fait de l'égalité femmes-hommes la grande cause de son premier quinquennat.

L'Arabie saoudite pointe à la 147e place sur 156 au classement égalité femmes-hommes du Forum économique mondial, mais Paris préfère ménager son ami.

« Plutôt que d'être dans une vraie relation diplomatique, où elle pourrait imposer ses conditions, la France donne l'impression de vouloir satisfaire les Saoudiens, regrette Lina al-Hathloul, elle aussi parfaitement francophone. Non seulement je suis déçue parce que la France incarnait les valeurs des droits de l'homme, mais en plus, je le vis comme si mon deuxième pays me trahissait », lâche-t-elle.

Dans la bouche des diplomates, on justifie le silence assourdissant de Paris en avançant que les déclarations publiques seraient contre-productives. « Avec les Saoudiens, il ne faut rien dire publiquement, assure Bertrand Besancenot, ancien ambassadeur à Riyad. Si vous voulez avoir un résultat, vous le faites discrètement. Si vous les prenez de face, vous êtes sûrs que ça ne fonctionnera pas. L'Arabie saoudite ne plie devant personne. »

Il sait de quoi il parle, il est resté neuf ans en poste, de 2007 à 2016. Un record de longévité. C'est le seul ambassadeur dans l'histoire des ambassades de France à être resté aussi longtemps dans un pays. Il n'a, à vrai dire, pas tellement eu le choix. « Le roi Abdallah lui-même a demandé mon maintien. Il m'avait dit : "Tant que je serai vivant, vous resterez en Arabie." J'avais pris cela comme une formule de politesse, je ne l'avais pas pris au sérieux, me raconte ce fin connaisseur de la péninsule arabique. Puis, quand le roi Salman a pris ses fonctions, alors que je devais quitter mon poste quelques semaines après, il m'a dit lors d'une réunion à Riyad en présence de François Hollande : "Vous avez élaboré un plan pour les prochaines années, c'est très naturel que ce soit vous qui le mettiez en œuvre." On ne refuse pas une volonté du roi », explique ce fervent catholique et royaliste.

Pour autant, me certifie-t-il, il a pu aborder les sujets qui fâchent « sans problème. La question des droits de l'homme, les questions religieuses, on en parlait bien entendu, et avec beaucoup de franchise ». Ancien conseiller diplomatique de la ministre Michèle Alliot-Marie, ancien ambassadeur au Qatar et, plus récemment, ex-conseiller diplomatique du gouvernement sous l'ère Macron, Bertrand Besancenot me reçoit dans les locaux de l'entreprise qu'il a créée en 2019, tout juste retraité de la fonction publique où il a officié durant une quarantaine d'années. Une société de conseil destinée aux entreprises françaises implantées dans le Golfe : Palmelys, dont il est le directeur général.

Dans l'une des salles de réunion, il aime à confier qu'il échangeait – jusqu'à l'affaire Khashoggi – directement des « WhatsApp avec MBS ». Mais aussi qu'il « s'entendait avec Jean-David Levitte, le conseiller diplomatique du président sous Chirac puis sous Sarkozy pour faire passer des messages au roi. Je lui adressais un projet de lettre qu'il faisait signer par le président de la République – ou alors il apposait la signature du président lui-même –, puis je la remettais discrètement au roi ou à son fils pour expliquer pour quelles raisons on apprécierait que les personnes en question ne soient pas exécutées. À chaque fois, ça a marché », gage-t-il.

Il est moins bavard quand j'évoque le cas de Loujain al-Hathloul pour lequel la France a brillé par son absence de condamnation publique. « Non, mais ça c'est autre chose… Loujain, je la connaissais avant qu'elle ne soit mise en prison. Je l'avais déjà rencontrée. On recevait très souvent les activistes et machin… ce qui est normal », me dit-il. Comme Raif Badawi, ce blogueur qui a croupi pendant dix ans dans les geôles saoudiennes et qui a été condamné à mille coups de fouet pour avoir tenté de susciter un débat public en Arabie saoudite ? « Il m'avait téléphoné de sa prison – ce qui montre qu'ils ont un régime de prison plus libéral que d'autres, m'explique-t-il. Il m'avait dit : "Je sais que MBS et le roi vous apprécient, moi aussi. Pourriez-vous m'aider dans cette affaire ?" Je lui ai dit : "Évidemment." Sauf que moi, ce qu'on me répète chaque fois à propos de son cas, c'est que celui qui a demandé qu'on lui coupe la tête n'est nul autre que son père, qui le désigne comme un mécréant. Le roi ne se permettra jamais d'aller à l'encontre de la volonté d'un père. Donc je lui ai dit : "J'en parlerai au roi, mais la seule chose que je vous demande, c'est de trouver un moyen de reprendre langue avec votre père, qu'il ne demande plus cela, sinon je ne pourrai rien." » Une demande qui n'a pas été suivie d'effets.

*

Pour obtenir les faveurs des formeurs d'opinions et du public français, l'Arabie saoudite a aussi misé sur les médias. L'enquête d'opinion pour laquelle l'ancien député Fabien Gouttefarde avait été sollicité, moyennant un petit billet, avait également été envoyée à certains journalistes du *Monde*.

Mais c'est par la voix des élus politiques ayant pris fait et cause pour la monarchie wahhabite que la propagande saoudienne a été la plus été diffusée. Nicolas Sarkozy, dans un entretien au *Point* en novembre 2018, commentait ainsi à propos de l'assassinat de Khashoggi : « Ce n'est pas le MBS que je connais. » À cet exercice, Nathalie Goulet est de loin la championne pour répandre la bonne parole de Riyad.

À chaque épisode clé ou presque de l'histoire du royaume sous MBS, elle est montée au front. La rafle du Ritz-Carlton, qualifiée par certains de « nuit des longs couteaux d'Arabie saoudite » ? « L'opération mains propres est une opération mains libres », philosophe la sénatrice dans les colonnes de *Paris Match* en novembre 2017. « La nuit des longs couteaux était le préalable à des jours extrêmement sombres. Je n'ai pas l'impression que c'est ce qui est en train de se préparer en Arabie. » Nathalie Goulet préfère expliquer qu'elle a « rencontré une Arabie saoudite déterminée à lutter contre le terrorisme », affirmait-elle dans une tribune publiée par le *HuffPost* en juin 2016. « La volonté réelle et clairement affichée (...) de recréer le lien social (...) contraste franchement avec la politique uniquement répressive menée dans certains pays occidentaux », ose-t-elle même à propos de la prise en charge en Arabie saoudite des personnes radicalisées. Un mois plus tard, elle était rapporteure au Sénat de la mission d'information sur l'organisation, la place et le financement de l'islam en France.

J'envoie une demande d'interview mi-octobre 2021 auprès de la sénatrice de l'Orne. On m'informe qu'elle est « absolument débordée en ce moment » et qu'il me faut revenir vers elle après les débats budgétaires à l'Assemblée nationale, soit trois mois plus tard. J'ai découvert, quelques semaines après cette sollicitation, qu'elle se trouvait en réalité au même moment en Arabie saoudite, aux frais du royaume, pour six jours. À cette occasion, elle déclarait à *Arab News* que « le travail de l'Arabie saoudite en termes de lutte contre le financement du terrorisme est exceptionnel ».

J'ai relancé Nathalie Goulet fin janvier 2022 comme il me l'avait été demandé. De nouveau, je n'ai pas pu la rencontrer car elle se trouvait encore en Arabie saoudite, invitée à une manifestation culturelle. Quelques semaines après ce voyage, elle publiait une tribune dans *Arab News* vantant le fait qu'en raison de la guerre en Ukraine, les pays du Golfe, Arabie saoudite en tête, allaient « être nos partenaires doublement privilégiés ». *Arab News* est le média dont Jamal Khashoggi fut rédacteur en chef adjoint pour la version anglaise. Le site d'information saoudien spécifiquement à destination du public francophone a lui été lancé en grande pompe le 14 juillet 2020 avec un but : mettre en valeur les relations diplomatiques, économiques et militaires entre Riyad et Paris.

Un site détenu par un membre de la famille royale, qui ne lésine pas sur les moyens pour vanter l'excellente et étroite relation franco-saoudienne. Au lendemain de son lancement, on pouvait lire en une un article consacré à « L'histoire d'amour entre les Saoudiens et la France ». Y étaient vantés « la riche histoire » de notre pays, « ses plats savoureux, ses boutiques de luxe, ses superbes paysages ». Mais aussi la mode parisienne, le romantisme français, et la sécurité, malgré les attentats du 13 novembre 2015. « Heureusement, j'ai pu constater que la police contrôlait la situation », témoignait Hadeel al-Nufaiey, présentée comme une Saoudienne diplômée de l'Université Paris Descartes.

De nombreuses figures françaises signent régulièrement des tribunes sur le site d'*Arab News*, ou accordent de longs entretiens au média. Outre Nathalie Goulet, on répertorie Jack Lang, Franck Riester – ancien ministre de la Culture, ancien ministre du Commerce extérieur et actuel ministre chargé des relations avec le Parlement – ou encore Hervé de Charette, ministre des Affaires étrangères sous Jacques Chirac. Mais aussi Estelle Pagnon-Pouille – épouse de l'actuel ambassadeur de France à Riyad, Ludovic Pouille – qui livre dans une longue interview filmée « les coulisses du travail diplomatique ».

Arab News, sous ses artifices démocratiques, ferait presque oublier que l'Arabie saoudite se situait à la 170e place sur 180 pays au classement mondial de la liberté de la presse établi par Reporters sans frontières en 2020.

6. *Tapis rouge pour le pays de l'or noir*

> « La France doit continuer ses échanges culturels avec l'Arabie saoudite mais à condition que les représentants français puissent visiter les prisonniers politiques. Qu'elle puisse critiquer ce qui se passe à cause de Vision 2030. Aujourd'hui, les gens se font arrêter, certains tuer parce qu'ils ne veulent pas abandonner leurs terres. Un enfant de 9 ans a même été arrêté parce que son père ne voulait pas quitter sa maison. C'est un projet criminel qui voit le jour avec des déplacements forcés. Est-ce que les touristes sauront un jour que cela a été construit sur le sang des Saoudiens ? »

Lina AL-HATHLOUL,
citoyenne saoudienne,
sœur de la militante féministe condamnée
pour avoir réclamé le droit de conduire

Emmanuel Macron aime réaliser des « coups ». Pour émerveiller ses hôtes les plus prestigieux, Vladimir Poutine au château de Versailles, Donald Trump sur le

Champ-de-Mars, il déploie les grands moyens. En ce début de printemps 2018, le voilà au Louvre pour accueillir MBS. Les deux hommes ont fait tomber la cravate pour l'occasion. Ils se retrouvent comme des vieux amis, à leur aise, dans le musée entièrement privatisé pour une visite puis un dîner en comité restreint, sous le tableau de Delacroix, *La Liberté guidant le peuple*. Le prince héritier est à Paris pour 72 heures après trois semaines passées auprès de son allié américain. Il faut lui en mettre plein les yeux.

L'histoire ne dit pas si MBS et Macron ont reparlé de la dernière visite éclair du président français à Riyad, en novembre 2017, alors que ce dernier rentrait de l'inauguration du Louvre Abu Dhabi aux Émirats arabes unis. Emmanuel Macron n'était pas là pour une visite de courtoisie. L'heure était grave. Son protégé Saad Hariri était pris en otage par MBS. Il devait négocier sa libération. La raison se trouve dans les coffres-forts de la Vᵉ République.

Saad Hariri est à l'époque le Premier ministre du Liban, allié traditionnel de la France dans la région. Jusqu'à 1943, date de son indépendance, le pays est sous protectorat français. Un rapport privilégié avec le pays des Cèdres qui n'a jamais cessé, de Charles de Gaulle à Emmanuel Macron, et qui s'est renforcé du temps de Jacques Chirac. Alors qu'il est maire de Paris au début des années 1980, Chirac rencontre Rafic Hariri, le père de Saad Hariri, qui vient de faire fortune dans le BTP en Arabie saoudite avec son entreprise Saudi Oger. Une amitié profonde entre les deux hommes se noue. Elle permet au groupe d'Hariri de multiplier les investissements et les acquisitions dans notre pays. Aujourd'hui encore, le Liban reste la chasse gardée de la France. S'attaquer à Beyrouth revient à provoquer Paris.

Au cours de la rencontre impromptue entre le prince héritier et Emmanuel Macron, m'assure Maurice Gourdault-Montagne, présent lors du voyage, l'intervention de ce dernier « a été décisive. Macron a dit à MBS : "Vous êtes en train de déstabiliser le Liban, le pays court à sa perte si vous ne laissez pas filer Saad Hariri." MBS a su l'entendre, il a voulu faire un geste ». Ce qui nous ramène au Louvre. Durant ce voyage surprise, est scellé le partenariat culturel franco-saoudien. A-t-il été le prix de la libération du Premier ministre libanais ?

Tout laisse penser que ce dîner n'est que l'épilogue d'un feuilleton qui a commencé il y a des mois. Le jeune prince a simplement mis en œuvre le plan qu'il imaginait jusque-là.

MBS est un fervent admirateur de Mohammed ben Zayed, le prince héritier à la tête des Émirats arabes unis. Il veut s'inspirer de sa politique culturelle, élaborée en partenariat avec la France. Les deux pays ont notamment créé en 2017 l'ALIPH, l'Alliance internationale pour la protection du patrimoine dans les zones en conflit. Une fondation permettant aux œuvres des pays en guerre de trouver refuge le temps des combats.

MBS aussi aimerait avoir son nom associé à une telle structure. Abu Dhabi a bien son Louvre des sables, entièrement conçu par la France, pourquoi Riyad ne pourrait-elle pas s'enorgueillir d'une même institution et sublimer ses vestiges archéologiques avec l'aide de Paris ?

Car dans sa quête de respectabilité, le prince héritier mise sur le tourisme et la culture.

Alors que jusqu'à son arrivée au pouvoir, le pays ne délivrait aucun visa touristique, il prévoit d'attirer d'ici 2027, 1,5 million de personnes à Neom, et veut faire d'Al-Ula une destination phare pour les voyageurs du monde entier. Ce gigantesque site touristique au décor martien, bordée de canyons et de vallées rouges, situé à 1 h 30 d'avion de Riyad autour de nécropoles pré-islamiques, grand de 22 000 km^2 – la taille d'Israël –, en est son projet emblématique. Il l'annonçait publiquement en octobre 2017 au premier Davos du désert. Le tourisme, c'est l'alternative au tout-pétrole, MBS en est convaincu. À l'été 2017, le prince crée alors une commission royale pour le site archéologique d'Al-Ula, situé au nord-ouest du pays. Il place à sa tête l'un de ses proches, son cousin le prince Bader ben Abdullah ben Mohammed ben Farhan.

L'activité touristique est inexistante sur la terre du Prophète, hormis les fidèles venant réaliser leur pèlerinage à La Mecque. Alors qu'actuellement, 20 000 à 30 000 touristes se déplacent sur le site chaque année, MBS parie sur 2 millions de visiteurs par an d'ici à 2035, dont la moitié provenant de l'étranger. Aucun n'obstacle n'entravera leur venue à Al-Ula, site jusque-là ouvert seulement aux archéologues. Ni les 50 °C à l'ombre en haute saison, ni le fait que les femmes auront sans doute encore l'obligation de porter l'abaya, la tunique traditionnelle dissimulant l'ensemble du corps.

Le jeune prince n'a pas vraiment le choix s'il veut offrir aux moins de 30 ans, qui représentent plus de 60 % de sa population, l'assurance d'un avenir moins sombre. Le tourisme à Al-Ula ouvrira la voie à la création de plus de 38 000 emplois, garantit-il. Il le sait, il doit offrir du travail à sa jeunesse, en plus d'un semblant de liberté, pour éviter un soulèvement comme la Tunisie, l'Égypte, la Libye ou encore la Syrie ont connu en 2011. Le réveil des foules, c'est sa hantise en plus de l'Iran. Il en est terrifié. Il a encore en tête les images du Printemps arabe qui se sont propagées jusqu'au Bahreïn, pays situé dans le golfe Persique, dont la capitale Manama se situe à moins de 500 kilomètres de Riyad. L'Arabie saoudite avait d'ailleurs apporté un soutien logistique et militaire à son voisin. MBS ne permettra pas le chaos au sein de son royaume.

Ses hommes de confiance commencent alors les discussions avec le ministre des Affaires étrangères, Jean-Yves Le Drian, puis le président de la République. Emmanuel Macron missionne un Français pour négocier le dossier : Gérard Mestrallet, président du conseil d'administration d'Engie. Il n'a jamais travaillé dans le domaine de la culture, mais il connaît bien le pays. Le groupe énergétique produit entre 10 et 15 % de l'électricité dans le royaume, et il est lui-même membre du conseil d'administration de la Saudi Electricity Company. Pour Al-Ula, il n'hésite pas à enfiler le costume de VRP de la culture française. Il fait visiter aux Saoudiens les parcs naturels du Luberon ou encore les Carrières des Lumières, aux Baux-de-Provence, dans les Bouches-du-Rhône. Commode, ce lieu est géré par Culturespaces, filiale d'Engie. Gérard Mestrallet en est persuadé, il a su séduire la garde rapprochée du prince. Sans attendre, il rédige le premier volet d'un accord-cadre portant sur l'archéologie. Une équipe franco-saoudienne mène déjà des fouilles sur le site de Madain Saleh, à Al-Ula, depuis vingt ans. Jusque-là, à chaque voyage, l'équipe française devait quémander quelques milliers d'euros pour parvenir à poursuivre les recherches. Gérard Mestrallet leur promet aujourd'hui un budget illimité, avec même des apports technologiques : image de satellites, de drones, de dirigeables.

Sous la pyramide du Louvre, là où à peine un an plus tôt, Macron célébrait sa victoire au son de l'*Hymne à la joie*, se confirment donc les contours d'un accord qui va lier nos institutions culturelles au royaume saoudien. La version ultime de cet accord de coopération entre les deux pays est signé deux jours après, le 10 avril 2018, en grande pompe, au palais de l'Élysée. Il stipule que la France est chargée de construire le projet Al-Ula pour le compte de la Royal Commission for Al-Ula (RCU). Une succursale est créée à Paris, l'Agence française pour le développement d'Al-Ula (Afalula), une société par actions simplifiées dont l'État français est le seul actionnaire et dont tous les frais de fonctionnement – 35 millions d'euros par an, sur dix ans – sont payés par Riyad via la RCU. Un fonds de dotation pour le patrimoine français est prévu, en contrepartie de l'aide de 25 institutions culturelles, dont le Louvre ou Chambord.

À la tête d'Afalula, en toute logique, Gérard Mestrallet, ex-PDG d'Engie – deuxième investisseur français en Arabie saoudite juste après Total – et actuel président du conseil d'administration de Suez. Également ancien conseiller technique chargé des affaires industrielles auprès du ministre de l'Économie et des Finances de 1982 à 1984, Jacques Delors. Celui-ci a la charge de superviser depuis Paris la sortie de terre de ce que MBS présente comme la petite sœur de Petra en Jordanie, joyau archéologique, qui fut la capitale des Nabatéens. En guise d'introduction au livre *Al-Ula, Merveille d'Arabie*, copublié par l'Institut du monde arabe et Gallimard en octobre 2019, il affirme alors : « La France est aux côtés de l'Arabie saoudite pour réaliser les grands desseins posés dans le programme de développement Saudi Arabia's Vision 2030, et la fierté de l'Arabie saoudite sera l'honneur de la France. »

Des locaux sont loués au 82, rue de Courcelles, à dix numéros de l'ambassade d'Arabie saoudite, située elle au 92. Gérard Mestrallet s'est entouré de Laura Kwiatowski, ancienne directrice du développement et de l'innovation chez Engie, et ancienne conseillère diplomatique d'Éric Besson au secrétariat d'État à l'Industrie, ou encore de Mathias Curnier, ancien conseiller spécial de Gérard Mestrallet lorsqu'il était président du conseil d'Engie.

L'État français s'engage à construire l'accès au site archéologique : routes, transports, eau, électricité, gaz. Pour accueillir les visiteurs, des aménagements sont également prévus : agrandissement de l'aéroport, construction de trains touristiques et d'hôtels. L'architecte Jean Nouvel, qui avait bâti en 1986 l'Institut du monde arabe (IMA), mais aussi plus récemment le Louvre Abu Dhabi, est chargé de construire le complexe hôtelier aux portes d'Al-Ula. Les installations hôtelières sont quant à elles confiées au groupe Accor.

En plus des vestiges de Madain Saleh à admirer, le désert saoudien offrira pléthore de musées à visiter à Al-Ula. Un musée archéologique, un dédié aux volcans, un aux oasis. Un autre musée consacré aux chevaux, divisé en cinq pavillons répartis dans un élevage de pur-sang arabes, doit aussi voir le jour, en plus de deux villages équestres. C'est Antoine Sinniger, ancien directeur général du Pôle international du cheval à Deauville, qui assure les rênes du pôle cheval et des projets équestres chez Afalula. Au sein de l'agence, on affirme aussi qu'un musée d'art moderne doit être construit en partenariat avec le Centre Pompidou. Ainsi qu'une institution culturelle de référence, la Villa Hegra, qui « réunira le meilleur de la France et de l'Arabie saoudite pour un public international et local ».

Riyad cherche en sus à attirer les touristes au sein de la capitale. Le Centre sur la civilisation arabe doit ouvrir ses portes à Riyad avec l'aide de la France. Ce musée évoquera le monde préislamique, jusqu'ici tu par la monarchie. Dans le berceau de Mahomet, on a toujours nié son existence. Revendiquer un héritage historique de milliers d'années comme le fait MBS est audacieux. Le futur musée sera celui le plus axé sur la recherche. On assure qu'il doit atteindre trois fois l'envergure du Louvre Abu Dhabi.

Pour la réalisation de ces projets, le prince héritier fait miroiter des dizaines de milliards d'euros à la France dont une partie – à négocier – doit tomber dans les caisses de l'État : entre 50 et 100 milliards de dollars, selon les dires pour le développement d'Al-Ula.

À ce prix, rien d'étonnant à ce que bon nombre d'institutions scientifiques ou culturelles répondent favorablement à l'appel du régime saoudien. Face aux baisses constantes des subventions publiques, elles ne vont pas refuser de nouvelles ressources financières.

Au CNRS, l'archéologue Laïla Nehmé, directrice de recherche, est ravie que l'Arabie saoudite dépense sans compter pour valoriser son héritage culturel. Sa spécialité à elle, ce sont les Nabatéens. Ce riche peuple de caravaniers contemporains des Grecs a régné en Arabie saoudite entre le IIIe siècle avant J.-C. et le IIe siècle après J.-C. Elle les étudie depuis trente ans. C'est elle qui dirige les fouilles, depuis 2002, sur le site de Madain Saleh, là où sont situés les vestiges de la cité nabatéenne d'Hegra. En temps normal, pour une mission comme celle réalisée par ses équipes à Al-Ula, « ce qui est alloué par le ministère des Affaires étrangères français (MAE), c'est maximum 20 000 euros par an, donc rien », m'explique l'archéologue franco-libanaise, également conseillère spéciale du président d'Afalula, Gérard Mestrallet. Cet argent du ministère, en réalité, « c'est un levier pour trouver des co-financements, ce que le MAE encourage. J'ai signé des contrats de partenariats avec Suez, Airbus, Veolia, et il y en aura avec Thales, Total et d'autres grands groupes », poursuit la chercheuse d'une cinquantaine d'années. Laïla Nehmé m'explique : « Soit on bidouille, on se débrouille et on paie les gens sur le terrain au lance-pierres, soit il y a de l'argent qui arrive. Que ce soit de Monsieur Total ou de la RCU, c'est pareil. »

Dans son bureau situé au deuxième étage d'un bâtiment grisonnant, au fond d'une des antennes vieillissantes du CNRS, à Ivry-sur-Seine, en banlieue parisienne, elle tient à me montrer, en guise d'introduction à notre entretien, un dessin de sa fille vantant l'évolution des droits des femmes en Arabie saoudite. Une planche de bande dessinée bien réalisée, aux couleurs chaudes, affichée sur l'un des murs. Il témoigne du changement de point de vue de sa fille de 18 ans à propos de la condition féminine dans le royaume wahhabite, les femmes pouvant « aujourd'hui notamment conduire et faire des études ». Elle a observé cette évolution grâce à sa mère qui l'a emmenée avec elle à Al-Ula lors d'une excursion. « Elle avait plein d'a priori avant de venir. Elle est repartie en ayant complètement changé de regard sur le pays. »

Membre du conseil scientifique du futur musée saoudien consacré à la civilisation préislamique, Laïla Nehmé me raconte qu'un de ses collègues dirige aussi « un projet entièrement financé par l'agence Afalula à la suite d'une convention signée entre le CNRS et Afalula. Le contraste qu'il y a entre l'argent avec lequel on fonctionne, et celui donné par Afalula, est saisissant. Les moyens dont on peut disposer au CNRS, et l'argent qui peut être mis dans des tonnes de trucs grâce à l'Arabie, sont incomparables. C'est de l'ordre de 3 000 fois plus », schématise la directrice de recherche.

N'est-ce pas problématique qu'un État étranger prenne le relais de la France pour donner des moyens et rémunérer dignement les chercheurs d'une institution scientifique nationale ? « On signe certes des accords bilatéraux, mais on travaille avec des individus, me répond Laïla Nehmé. Par ailleurs, mon collègue est libre de recruter les gens qu'il veut, il est indépendant, se défend-elle, piquée. On n'est pas des mercenaires de l'archéologie, on ne se vend pas. On offre un savoir-faire », m'affirme-t-elle. Et d'assurer : « Les personnes recrutées pour ce projet le sont sous contrat avec le CNRS dans le cadre de la convention. Ça permet à des étudiants en post-doctorat d'avoir un contrat libellé CNRS plutôt qu'Afalula. En termes de valorisation de leur parcours professionnel, c'est mieux, ça leur offre des garanties. Vous avez une reconnaissance scientifique du CNRS, qui est un organisme de recherche, ce que n'est pas Afalula qui est, elle, une agence de droit privé.

— Vous ne vous êtes pas sentie parfois instrumentalisée par la diplomatie ?

— Je me suis sentie instrumentalisée en 2018 parce que c'était le moment où ont été signés les accords autour du projet Al-Ula. Enfin, instrumentalisée est trop fort. Utilisée peut-être… Dans l'esprit des politiques et des gens qui allaient mettre en place cette coopération, j'étais un bon profil. Vous avez une femme de 50 ans qui a roulé sa bosse dans le Proche-Orient, qui connaît bien tout le monde et dont on peut se servir en la valorisant. Je me suis sentie instrumentalisée-utilisée par tout le monde, mais ce n'est pas négatif. L'image que je représente était utile à mettre en avant pour les Saoudiens : je suis une femme qui dirige depuis vingt ans une mission française, ne serait-ce que ça… Mais ils ont raison de le faire quelque part. On m'a fait sortir de ce rôle et je me suis aussi prêtée au jeu. Je n'ai pas claqué la porte en disant "laissez-moi tranquille", ce que je n'aurais pas pu faire dans tous les cas. »

En plus du partenariat avec le CNRS, d'autres avec l'École du Louvre, l'Université Paris I Panthéon Sorbonne et l'Unicef voient le jour. Le musée du Louvre et la Fondation Misk se sont aussi associés, tout comme le King Abdulaziz Center for World Culture (Ithra) – la branche culturelle de l'entreprise pétrolière Saudi Aramco – et le Centre Pompidou.

Il s'agit de partager et de promouvoir l'expertise culturelle de la France, une composante du soft power à la française. « En dehors des règlements de comptes traditionnels, de la guerre froide, de l'espionnage au sens classique du terme, il y a maintenant une lutte d'influence à travers la culture, me décrypte Serge Lasvignes, ancien directeur du Centre Pompidou de 2015 à 2021. La faire rayonner à l'international, c'est nous donner une forme de pouvoir dans cette grande lutte. C'est important quand on est un pays comme la France », m'assure le désormais président de la Commission nationale de contrôle des techniques de renseignement (CNCTR) nommé par décret par Emmanuel Macron. Dans son nouveau bureau rue de Babylone, à Paris, il n'est pas très à l'aise pour évoquer les liens avec le royaume.

C'est pourtant un fin connaisseur des arcanes de l'État de par les fonctions qu'il a occupées avant Beaubourg. Il a été durant neuf ans le secrétaire général du gouvernement (SGG), après avoir été pendant autant d'années l'adjoint de son prédécesseur, Jean-Marc Sauvé. Il a passé près de deux décennies à Matignon et a connu trois présidents successifs : Jacques Chirac, Nicolas Sarkozy et François Hollande. Mais lors de notre rencontre, l'énarque se rappelle seulement : « Oui, il y a eu une grande opération de relations économico-culturelles avec l'Arabie saoudite, et j'avais signé une sorte d'*entertainment agreement* avec Aramco. Mais ça n'a été suivi d'aucun début de réalisation. C'était un premier accord qui devait donner suite à des contrats indéterminés, mais rien n'est jamais advenu. Je n'ai plus eu de nouvelles des Saoudiens après, sauf pour me proposer de faire partie d'un comité scientifique que je n'ai jamais vu se réunir », assure-t-il.

François Léotard, ancien ministre de la Défense, considère pour sa part qu'un « soft power réel peut se faire à partir de l'Occident. C'est mieux que la France soit celle à le faire. On est qualifiés en étant le pays des droits de l'homme. Enfin aujourd'hui, c'est un peu vaniteux de dire ça… En tout cas, on se vante de l'être, et le renom de la France est en partie encore – même si c'est vacillant – associé à ces idées-là, donc on peut essayer de le mettre en avant ».

Nos dirigeants ne s'en sont pas privés. En janvier 2019, alors que MBS est infréquentable sur la scène internationale, les patrons des plus grandes institutions culturelles françaises, du château de Versailles au Centre Pompidou, sont à Al-Ula. Ce que nie Serge Lasvignes, même s'il me confirme avoir été convié. En février 2019, c'est au tour de Jean-François Hebert, directeur du château de Fontainebleau, pour ne citer que cet ancien conseiller économique de François Léotard et de Charles Millon lorsqu'ils étaient au ministère de la Défense. Mais aussi du président de Chambord, de la présidente de la Cité de l'architecture ou du directeur du musée Picasso. Puis du ministre de la Culture d'alors, Franck Riester. Il est accompagné de Vincent Cassel et de Gérard Mestrallet. « Le monde culturel montrait qu'il ne boycottait pas Al-Ula après l'affaire Khashoggi », se réjouissait un proche du président d'Afalula. Tous ont fait le voyage aux frais du prince avec la Saudi Arabian Airlines. Jacques Attali, à Riyad au même moment que la délégation, se trouve aussi sur place. L'ancien sherpa de François Mitterrand ne fait pas que conseiller MBS. Il épaule aussi la Royal Commission for Al-Ula (RCU) dans la concrétisation du site. Deux salariés d'Attali & Associés, son cabinet de conseil, ont travaillé à plein temps sur le projet pendant plus d'un an.

En juillet 2019, selon Mediapart, une délégation saoudienne en provenance de Djeddah est accueillie par une haute fonctionnaire dont le poste a été créé tout particulièrement par le ministère de la Culture pour promouvoir l'expertise culturelle française à l'international. Nommée à l'été 2018 pour une durée de trois ans, Agnès Saal, ex-présidente de l'INA, a alors pour mission de s'assurer de l'égalité, de la diversité et de la prévention des discriminations au sein des institutions culturelles. Une décision qui avait à l'époque fait débat après sa suspension de l'INA suite à sa condamnation pour détournement de fonds publics en 2016. Mais aussi parce qu'elle avait été promue, quelques semaines avant cette nomination, à l'échelon spécial des administrateurs généraux, lui permettant de profiter d'une hausse de salaire, et d'être ainsi rémunérée jusqu'à 6 138 euros par mois. Il est vrai qu'Agnès Saal n'est pas une novice dans le domaine de la culture. Elle a commencé sa carrière en 1983 au ministère, dirigé alors par Jack Lang, et a travaillé au Centre Pompidou auprès d'Alain Seban entre 2007 et 2014 en tant que directrice générale, quand l'institution signait ses premiers partenariats avec le royaume wahhabite au travers d'Ithra.

En octobre 2019, Chris Dercon, président de la Réunion des musées nationaux-Grand Palais, participe quant à lui au 3e forum du Davos du désert « dans le contexte où de nombreux projets de coopérations culturelles se nouent entre les deux pays ». En septembre 2021, Jean-Luc Martinez est quant à lui nommé par le ministère des Affaires étrangères ambassadeur thématique en charge de la coopération internationale dans le domaine du patrimoine. Jusqu'en mai 2022, l'ex-patron du Louvre et ancien président du comité scientifique de l'ALIPH, qui a travaillé avec les Émirats arabes unis à la création du Louvre Abu Dhabi, avait pour mission l'entretien des bonnes relations avec les pays de la péninsule arabique, Saoudiens en tête avec le site d'Al-Ula, mais aussi la lutte contre le trafic illicite des biens culturels. Il est aujourd'hui mis en examen pour blanchiment et complicité d'escroquerie en bande organisée. Il lui est notamment reproché l'achat, par le Louvre Abu Dhabi, d'une stèle royale qui s'est avérée avoir été volée à l'Égypte.

À l'international, plusieurs institutions culturelles ont renoncé aux mécénats saoudiens. Le Metropolitan

Museum of Art (Met) de New York a refusé l'argent du Misk Art Institute pour la tenue d'un colloque en octobre 2018. En novembre 2018, la Fondation Bill & Melinda Gates suspendait toute collaboration avec la Fondation Misk. L'architecte britannique Norman Foster a annulé sa participation à la construction de Neom après l'assassinat de Jamal Khashoggi.

Le prince héritier investit également dans le « sportwashing ». Pour vanter les mérites de son royaume, il se lance dans la tenue d'événements sportifs de grande envergure. Naturellement, il fait appel à nos représentants. Son meilleur fait d'armes, outre le Grand Prix de Formule 1 de Djeddah, de novembre 2021, est le célèbre Paris-Dakar. Avec l'implantation de la plus célèbre course automobile dans le royaume saoudien, l'organisateur français du rallye, Amaury Sport Organisation (ASO), empoche 75 millions d'euros. Le contrat, conclu pour 5 ans, s'élève à 15 millions d'euros par an. C'est cinq fois plus que ce que percevait ASO en Amérique du Sud. Pas étonnant qu'il ait su saisir « la main tendue » de l'Arabie saoudite, selon les propres mots du nouveau patron du Dakar, David Castera. « On s'est posé les questions, mais il y a une vraie volonté d'ouverture », plaidait-il en avril 2019 à l'annonce de l'organisation de la course en Arabie saoudite, tout juste six mois après l'assassinat de Jamal Khashoggi.

En janvier 2020, le Rallye Dakar nouvelle version prenait donc le départ depuis Djeddah, sur les bords de la mer Rouge, avant l'arrivée finale à Al-Qiddiya, le lieu où doit s'ouvrir le parc d'attractions trois fois plus grand que le Walt Disney World Resort d'Orlando. Un coup de projecteur non négligeable pour la monarchie, qui va diffuser à un niveau mondial les splendeurs de son patrimoine.

*

Pour accueillir dans les meilleures conditions les visiteurs des quatre coins du monde, le royaume a tout prévu. Il a conditionné les contrats alloués à la France à la formation, par nos soins, des futurs hôtes saoudiens.

L'Agence Campus France, l'agence française pour la promotion de l'enseignement supérieur, l'accueil et la mobilité internationale, a été désignée comme l'opérateur chargé de former les futurs experts de la région. Des entreprises privées ont aussi été créées pour l'occasion par d'anciens ou d'actuels fonctionnaires français.

Mille jeunes étudiants dans les métiers du tourisme, de l'hôtellerie, du management, de l'archéologie et du patrimoine doivent être accueillis sur huit à dix ans en France. La première session, à la rentrée 2018, a accueilli 68 étudiants, dont 32 étudiantes, comme aiment souligner Campus France et Laïla Nehmé, chercheuse au CNRS.

Les heureux élus saoudiens ont obtenu une bourse de la Royal Commission for Al-Ula (RCU) pour se former en France. Ils doivent effectuer une première année dans un centre de langues d'une des antennes hexagonales de l'Alliance française : Rouen, Nice, Strasbourg, Paris, Marseille, Vichy. Ils y apprennent le français avant de poursuivre leurs études sur le territoire dans des filières professionnalisantes.

D'autres sont venus se former sur une plus courte période au château de Versailles, ou encore à l'école Ferrandi. Entre août 2019 et février 2020, 24 chefs en devenir, tous issus de la région d'Al-Ula, se sont instruits dans les locaux de cette prestigieuse école hôtelière française. Ils ont été recrutés par des chefs instructeurs de l'école venus à Al-Ula en juillet 2019 pour leur faire passer des entretiens. Un programme « spécialement conçu dans le but de développer les compétences culinaires dont Al-Ula a besoin pour atteindre les objectifs énoncés dans la Vision 2030 du royaume saoudien », annonce le site internet de cette école fondée en 1920 par la Chambre de commerce et d'industrie Paris Île-de-France. « Un programme intensif pour apprendre les gestes, les techniques et les secrets de la gastronomie française, qui fournira à ces jeunes les outils nécessaires pour devenir la prochaine génération de chefs et d'entrepreneurs culinaires à Al-Ula, et les gardiens du patrimoine culinaire d'Al-Ula. »

Combien cela a-t-il rapporté à Ferrandi ? L'école n'a pas voulu répondu. Elle m'a renvoyée vers l'agence Afalula pour toute demande d'interview.

De son côté, Laïla Nehmé me dit avoir formé « 15 filles et 15 garçons, sur place pendant un mois », aux rudiments de l'archéologie. Elle a été rémunérée pour cela par la RCU. Enfin, pas vraiment selon elle. « Je ne travaille pas pour l'Arabie saoudite ou la RCU. Fin 2019, j'ai créé une micro-entreprise pour pouvoir facturer mes prestations d'expertise en dehors du CNRS. Donc je suis rémunérée par ma boîte, m'explique-t-elle. Très franchement, ça m'a permis de gagner un peu d'argent, mais il y a 20 000 euros sur le compte de l'entreprise depuis sa création, dit-elle. Et c'est avant impôts cette somme, donc il va rester, allez, 10, 11 000 euros. Sur trois ans, ça ne fait pas beaucoup, on est d'accord, rassure la directrice de recherche. Et c'est avec l'autorisation du CNRS, précise-t-elle, donc je suis en règle. C'est pas scandaleux. »

D'ailleurs, m'apprend-elle, « la France a aussi été mandatée via Campus Sud des Métiers pour former les Saoudiens qui seront chargés d'être les guides touristiques à Al-Ula. Le programme de formation a été entièrement réalisé par le directeur de la chaire Tourisme du CNAM, Brice Duthion ». En passant quelques coups de fil pour obtenir des informations, notamment auprès du principal intéressé, il s'avère que c'est un peu plus alambiqué que ne l'expose l'archéologue.

Au cours de notre entretien téléphonique, Brice Duthion, ancien du Conservatoire national des arts et métiers (CNAM), me détaille les contours de cette formation. Pendant deux mois, en octobre et novembre 2019, deux promotions ont été accueillies en France. Soit « une trentaine de personnes, pour moitié des hommes et moitié des femmes », souligne ce désormais consultant et expert en tourisme, culture et développement territorial, « pendant deux fois trois semaines. Une formation éclair – on l'a montée en deux mois, c'était un gros challenge –, visant à transmettre aux étudiants les techniques de guidage, d'hospitalité, d'accueil. Ou encore, la façon dont sont créés des circuits touristiques et dont on commente des œuvres d'art. Ils ont été amenés à rencontrer beaucoup de professionnels, expose le formateur. À Paris, dans le centre de la France, dans le sud de la France, au Louvre Abu Dhabi et in fine à Al-Ula, où Laïla Nehmé est intervenue en tant que grande spécialiste de la culture nabatéenne. C'est elle qui a expliqué pendant trois jours l'ensemble des éléments aux Saoudiens ».

Brice Duthion a une mission : donner à voir le meilleur du savoir français. Il ne cache pas avoir mis son réseau professionnel au service des Saoudiens : des guides conférenciers, des conservateurs du patrimoine, des directeurs d'institutions publiques et privées à Paris et en province, en Occitanie notamment. Il a eu vent des besoins en la matière en discutant avec les responsables des départements ressources humaines et tourisme/hôtellerie d'Afalula, « des personnes de mon réseau que je connais depuis des années ». Chose aisée quand on a un carnet d'adresses aussi long que son expérience dans le secteur public où il a effectué l'essentiel de sa carrière. Maître de conférences au CNAM pendant plus de vingt ans, il y dirigeait l'ensemble des programmes en « tourisme, voyage et loisirs » jusqu'en septembre 2020. À présent, il met en avant le charme de « la région d'Al-Ula, un décor incroyable. C'est Petra en Jordanie puissance 10. J'ai trouvé intéressant que l'Arabie saoudite, malgré ce qu'on en dit et ce qu'on en sait, accepte pour la première fois de valoriser un site préislamique, la civilisation nabatéenne. C'est aussi une sorte de petit pas. Vous savez, on a dit "c'est un petit pas pour l'homme et un grand pas pour l'Humanité", eh bien, c'est un peu un petit pas pour l'Arabie saoudite et une ouverture sur l'Histoire dont on n'a pas voulu parler ».

Il est en revanche plus discret quand il s'agit de me parler de sa rémunération pour cette mission.

« Avec qui Afalula a-t-elle passé le contrat pour ces formations ?

— Avec une entreprise. Tout est de notoriété publique.

— Quel était le nom de cette société ?

— Ça, je ne vous le dirai pas. Je n'ai pas à vous le dire. Mais c'est tout à fait public, vous trouverez facilement. C'est une société dont l'une des missions est la formation.

— Pourquoi ne voulez-vous pas me donner le nom de cette société ?

— Parce que c'est Afalula qui a géré de A à Z ce projet et qui a pris un sous-traitant pour des raisons de simplicité et de contact avec des professionnels sur le terrain. C'est une petite boîte… Peu importe son nom… Ce n'est pas problématique de le dire mais je n'ai pas envie de vous le donner. La prestation était une commande d'Afalula, le correspondant et le donneur d'ordre de cette opération. Les choix d'Afalula sont publiés dans les rapports.

— C'est une société que vous avez créée ?

— Je ne vous répondrai pas. »

Cette société, Brice Duthion a raison, il n'a pas été difficile de la trouver. Elle se nomme « Les nouveaux voyages extraordinaires » et a été créée le 6 septembre 2019. Son président est Brice Duthion depuis le 12 mai 2021. Jusqu'à cette date, c'est Audrey Guillemot, sa compagne, qui en était présidente. Elle aussi est une ancienne fonctionnaire du Conservatoire national des arts et métiers (CNAM). Elle aussi officiait pour le CNAM lorsque l'entreprise a été enregistrée au registre du commerce de Paris. Cette société à actions simplifiées, Brice Duthion en est le détenteur direct à 80 %. Ancien conseiller municipal adjoint à la culture de Bois-le-Roi, en Seine-et-Marne, d'octobre 2018 à janvier 2020, il fut candidat, comme sa compagne, aux municipales de mars 2020 sur une liste « écologiste et citoyenne ».

Le CNAM était-il au courant des activités complémentaires de son ancien fonctionnaire ? Ce dernier a-t-il averti son administration employeur de ces activités salariées parallèles ? J'ai été renvoyée dans mes cordes par l'ancienne responsable presse, Amélie Zenatti, quand j'ai posé la question. Elle qui connaît bien Brice Duthion, m'a demandé de m'adresser à la toute nouvelle personne en charge de ces questions, qui, malgré mes relances, ne m'a jamais répondu.

*

En plus de ces formations, l'accord intergouvernemental signé entre Paris et Riyad imposait à la partie française de devoir recommander à son partenaire saoudien les personnes morales ou publiques et les personnes physiques compétentes en vue de l'exécution du projet. C'est là que réapparaissent nos communicants. Les agences de communication ont l'habitude de pratiquer la mise en relation à grande échelle. Autrement dit, elles mettent régulièrement leurs vastes réseaux à disposition de leurs clients.

Publicis a ainsi attiré au pays de l'or noir une élite intellectuelle pour vanter les mérites d'Al-Ula. Entre septembre 2018 et janvier 2019, au cours de plusieurs week-ends, outre des officiels et des hommes d'affaires, des personnalités françaises d'influence dans la cité nabatéenne se sont déplacées aux frais du royaume. Parmi eux, Vincent Cassel, Yann Arthus-Bertrand, le violoniste Renaud Capuçon, ou encore le DJ David Guetta qui réside à Dubaï, aux Émirats arabes unis, depuis 2014. Jean-Michel Jarre aussi. D'ailleurs, ce dernier considère que « la culture est un formidable cheval de Troie pour faire avancer les mentalités. Il ne faut pas le laisser aux Américains, la France a un rôle à jouer ». Jean-Michel Jarre a une histoire ancienne avec la région. Son père a composé la bande originale du film *Lawrence d'Arabie*. En septembre 2018, le jour de la fête nationale saoudienne, il donne à Riyad un légendaire spectacle de son et lumière qu'il nomme « The Green Concert », en référence à la couleur de l'islam, mais aussi au prétendu credo écologique de MBS. En mars 2020, il est la tête d'affiche d'un festival de musique au cœur d'Al-Ula.

Nos meilleurs chefs étoilés ont également fait le déplacement grâce à Havas Events. En décembre 2019, à l'occasion du plus grand festival culinaire en Arabie saoudite, « Winter at Tantora », Potel et Chabot, le traiteur de toutes les réceptions raffinées en France – Roland-Garros, espaces VIP des matchs du PSG, salons aéronautiques du Bourget, Qatar Prix de l'Arc de Triomphe –, fait venir la fine fleur de la gastronomie française. Sur le site de Al-Hijr, dans l'une des oasis d'Al-Ula, vingt dîners gastronomiques réunissant chaque soir 50 convives VIP ont eu lieu pendant deux mois et demi, informe le site internet du traiteur haut de gamme, dont Sébastien Bazin, le patron du groupe Accor, détient 39 %.

Chaque semaine, un grand chef a signé le menu de ce restaurant éphémère avec vue imprenable sur les ruines historiques, et dont les commis n'étaient autres que les jeunes Saoudiens venus se former en France chez Ferrandi, l'une des écoles de gastronomie française les plus réputées au monde. Parmi eux, Yannick Alléno, Anne-Sophie Pic ou encore la star de « Top Chef », Hélène Darroze, qui en janvier 2021 est passée de trois à cinq étoiles au Guide Michelin, devenant la deuxième femme la plus récompensée par le Guide rouge.

Selon le site culinaire Atabula, pour cette prestation, nos fins gourmets ont été rémunérés en fonction du nombre d'étoiles qu'ils détiennent. 20 000 euros pour une étoile, 40 000 pour deux, et jusqu'à 80 000 euros pour trois étoiles…

Ce festival de gastronomie a pu avoir lieu grâce à Havas Events, l'agence événementielle des grandes marques, dont le siège est à Puteaux. Tout comme le projet Desert X en janvier 2020, organisé là aussi pour le compte de la Commission royale pour Al-Ula (RCU). Desert X a l'ambition de produire des expositions internationales d'art contemporain au cœur de lieux désertiques. La première édition de cette biennale avait eu lieu dans le désert californien en 2017. Son transfert vers l'Arabie saoudite en 2021 a provoqué l'ire de certains en interne : 3 des 14 membres du conseil d'administration de la manifestation américaine ont démissionné, dénonçant une initiative « immorale ».

DEUXIÈME PARTIE

France-Arabie, les liaisons dangereuses

1. *De l'indulgence au déshonneur*

> « En réalité, la clé est à l'Élysée. Macron a une approche particulière avec cette région… Il doit se positionner. Est-ce que la France vend son âme au diable avec l'Arabie saoudite ? Peut-être… »
>
> Ancien directeur d'une institution culturelle nationale

Octobre 2019. Presque un an jour pour jour après l'assassinat de Jamal Khashoggi, le Tout-Paris se presse rue des Fossés-Saint-Bernard à l'inauguration de l'exposition « Al-Ula, merveille d'Arabie », à l'Institut du monde arabe (IMA). Un événement organisé pour le compte du royaume saoudien par Havas. Tous admirent notamment les photos panoramiques réalisées pour l'occasion sur le site archéologique par Yann Arthus-Bertrand. Jack Lang, président de l'IMA, pour qui ce fut « l'accomplissement d'un rêve », y reçoit les ministres de la Culture français et saoudien et plus de 500 autres invités. Parmi eux, Laïla Nehmé, co-commissaire de l'exposition.

La rétrospective a été entièrement financée par le royaume wahhabite, à hauteur de 1 million d'euros. Mais Laïla Nehmé comme Jack Lang l'assurent, « nous avons travaillé en toute indépendance ». Les erreurs historiques et géographiques qui ont créé la polémique avant même l'ouverture de l'exposition au grand public ne sont donc que de pures omissions. La frise chronologique qui accompagnait l'exposition mentionnait pourtant une simple « présence ottomane » dans la région à partir du XVIe siècle alors que l'Empire ottoman, éternel rival des Arabes, y a régné de 1538 à 1914. À l'entrée de l'exposition, une carte contemporaine représentait quant à elle tous les pays de la région du sud de la Méditerranée à la péninsule arabique en oubliant de nommer Israël. Elle stipulait à la place « Territoires palestiniens », « bande de Gaza » et « Cisjordanie ». Une étourderie que n'avait pas commise l'IMA un an auparavant avec une autre exposition, « Cités millénaires, voyage virtuel de Palmyre à Mossoul », qui, elle, nommait bien Israël et la Turquie.

Jack Lang a préféré retenir que cette exposition, prolongée plusieurs semaines, jusqu'en mars 2020, « tant elle aura émerveillé nos visiteurs », fut une « révélation pour les Européens ».

Nombreux sont ceux à penser qu'elle était pourtant une « coquille vide », comme me l'a déclaré une ancienne ministre de la Culture qui a officié à ce poste au cours de la décennie 2010. Un ancien haut responsable d'un centre culturel national me confiait quant à lui : « L'exposition

Al-Ula à l'IMA était une honte. Elle n'était pas bonne. Pas seulement en raison de la polémique liée au fait qu'Israël avait été supprimé de la carte. Il y avait un côté office de tourisme avec cette exposition. » D'ailleurs, lui m'a soutenu ne pas avoir voulu travailler avec l'Arabie saoudite. « Vous vous faites acheter par ce pays. Il n'y a pas de réel intérêt concernant l'Arabie saoudite. C'est un intérêt purement financier ou géopolitique. Il ne s'agit que de fric. »

Jack Lang affirme, lui, selon *Le Monde*, que les échanges culturels sont un bon levier pour faire avancer les lignes, évoluer les mœurs, et qu'un « climat inédit » règne à Riyad depuis 2017. L'ancien ministre de la Culture de François Mitterrand ne tarit pas d'éloges sur le royaume wahhabite. « L'Arabie saoudite n'a rien à voir avec l'Iran », s'exclame-t-il une fois. « Il y a des signes d'ouverture incontestables du régime », s'enchante-t-il une autre fois. « En Arabie, un pays phare, il se passe en permanence des choses exceptionnelles », clame-t-il auprès d'*Arab News*. Il rappelle à cette occasion que « l'idée même de l'IMA a été inventée par la France et l'Arabie saoudite. À l'époque, Valéry Giscard d'Estaing était président de la République et le roi Khaled présidait les destinées de l'Arabie saoudite. Ces deux dirigeants ont signé un pacte pour créer cet institut unique au monde ».

Entre celui qu'on surnomme Jack d'Arabie et le royaume wahhabite, l'histoire d'amour n'est pas nouvelle.

En septembre 2016 déjà, le président de l'Institut du monde arabe avait lui-même décoré le prince al-Walid ben Talal. « Au 9e étage, avec beaucoup de discrétion…, me raconte un salarié. Des consignes avaient été données aux agents d'accueil et aux agents de sécurité sur place : interdiction de prendre des photos, de filmer, de communiquer sur le sujet. » La remise de la médaille des arts et des lettres avait eu lieu en présence du président François Hollande. Une décoration de plus pour le prince, qui avait déjà été fait commandeur de la Légion d'honneur par Jacques Chirac. En matière de culture, le prince al-Walid avait été l'un des sponsors, à hauteur de 20 millions d'euros, de la construction des salles du département d'Art islamique du musée du Louvre, inauguré en 2012.

Lors de la visite de MBS à Paris en avril 2018 pour la signature des contrats portant sur la Culture, Jack Lang sort le grand jeu et organise une soirée en l'honneur du prince : il fait démonter un bar à chicha, et dresser une tente ultra-sécurisée. « La veille pour le lendemain, ils ont vidé tout le premier étage de la bibliothèque pour monter une structure qui a coûté une fortune, se souvient Safi Khatib, salarié de l'IMA, élu CGT. C'était l'événement. Tout le quartier était bouclé. Il n'y avait aucune voiture, aucun piéton ne pouvait passer. C'était absurde. Ils ont tout préparé, tout le monde l'attendait ici… et MBS n'est jamais venu. Il a préféré passer la soirée ailleurs à Paris avec Saad Hariri et le roi du Maroc. Le soir même, ils ont posté un selfie d'eux sur les réseaux sociaux. L'annonce de sa venue avait suscité du mécontentement ici : pourquoi remuer ciel et terre pour qu'au final, il ne vienne même pas ? »

Il faut dire que les Saoudiens se sentent un peu chez eux à l'IMA. En 2017, pour les 30 ans de l'Institut, Riyad a versé 5 millions d'euros pour l'agrandissement de la bibliothèque et la rénovation des 240 moucharabiehs de la façade imaginée à l'époque par l'architecte Jean Nouvel.

En guise de remerciement, le président de l'IMA a fait poser à l'entrée de son institution, à côté du guichet d'accueil, une plaque visant à remercier l'Arabie saoudite pour ce don. Un cadeau qui n'a pas été du goût de tous. « On ne voulait pas de ce panneau imposant qui remerciait un pays en particulier. Le comité d'entreprise a demandé son retrait ou son déplacement », me raconte Safi Khatib dans le café Le Nouvel Institut, en face de l'IMA. Il en avait déjà parlé au *Monde* en 2017. Il proposait « de placer le panneau au niveau -3, celui des toilettes ». Un témoignage qui lui a valu d'être menacé par la direction « d'un procès pour nuisance aux relations entre la France et l'Arabie saoudite ». Safi Khatib ne s'est pas laissé démonter. Les salariés ont eu gain de cause. « Aujourd'hui, il est resté au même endroit mais il est plus modeste. »

Ce n'est pas la seule bataille qu'il a dû mener contre l'influence du royaume saoudien. En avril 2017, la location de la salle du Haut Conseil, au dernier étage de l'IMA, suscite la colère des salariés. Le colloque, portant officiellement sur l'avenir de la paix au Yémen, « était en fait un débat pro-interventionniste avec des représentants de la coalition arabe, et son porte-parole le général Ahmed al-Assiri, s'indigne encore aujourd'hui le représentant syndical. C'était lui la figure principale de cette conférence. Il venait fièrement parler de l'état d'avancement de la guerre contre le Yémen, de la façon dont l'Arabie saoudite allait libérer le Yémen. La moitié des spectateurs de la salle était composée de fonctionnaires saoudiens, émiratis et qataris », s'agace-t-il. C'était insupportable. Je n'ai pas assisté à la totalité de la conférence, je suis parti au début. Montant rapporté à l'IMA en échange ? Autour de 20 000 euros. « C'est en tout cas le prix de la location de salle en temps normal, expose Safi Khatib, qui poursuit : On nous a dit que c'était l'ambassade du Yémen qui avait loué la salle. Ce n'est pas vrai. C'était l'Arabie saoudite évidemment. Ils cherchaient une place à Paris et comme la politique saoudienne à l'égard de la guerre au Yémen était mal vue, ils ont demandé à utiliser cette salle. »

Contactée, l'ambassade du Yémen à Paris n'a pas été en mesure de retrouver la trace de cette conférence, ni de son paiement. Elle ne m'a pas confirmé en être l'organisatrice.

Safi Khatib l'assure : « Ce n'était pas la première fois que l'Arabie saoudite agissait ainsi. Dans les années 1990, en pleine guerre du Golfe, elle avait rassemblé à l'auditorium de l'Institut, qui avait été mis gratuitement à disposition, toutes les associations de banlieues musulmanes et islamistes. Officiellement, il s'agissait d'une conférence pour parler de la guerre, mais c'était surtout pour appeler à la soutenir contre l'Irak qui avait envahi le Koweit. Le royaume, comme souvent, ne s'est pas affiché clairement, mais tout le monde a compris qui était l'organisateur. Or, l'IMA n'a pas à favoriser un membre d'un conflit armé contre un pays fondateur ! Cela a d'ailleurs provoqué une crise financière à l'IMA à l'époque. L'ancien président, Edgard Pisani, était contre la guerre menée au Koweit. Les pays du Golfe l'ont compris et ont arrêté leurs versements à l'Institut, ce qui a entraîné un plan de licenciement en 1991. Une quarantaine de personnes sur les 180 salariés que l'on était à l'époque ont perdu leur travail, certifie-t-il. Ils ont puni l'Institut, c'était clair », raconte Safi Khatib qui, en trente ans de carrière au sein de l'institution, n'a « jamais vu aucun autre pays agir de la sorte ».

Les 12 millions d'euros de subventions du Quai d'Orsay, qui paient principalement le fonctionnement de l'institut et de ses salariés, ne suffisent pas à l'IMA à trouver son équilibre. Pour remédier à la situation et éviter la banqueroute, la solution trouvée au milieu des années 1990 est le mécénat. Depuis l'arrivée de Jack Lang à la tête de l'institution en 2013, cette pratique a explosé. « Les recettes de mécénat sont passées de 0,6 million d'euros en 2013 à près de 3 millions d'euros en 2014 », expliquait David Bruckert, secrétaire général de l'IMA, à *Capital* en 2017. Ce qui, pour Safi Khatib, est « une bonne chose, mais doit l'être de façon contrôlée. Il en va de l'indépendance de l'Institut. Sa politique ne doit pas être décidée en fonction du mécénat. Les mécènes versent de l'argent parce qu'ils ont un intérêt : faire la publicité de leur produit, de leur pays, pour des raisons politiques ou géopolitiques. Travailler avec le mécénat, c'est le risque de ne pas faire d'expositions sur des pays pauvres qui sont pourtant très riches culturellement, comme le Yémen ».

Jack Lang n'est pas le seul à considérer qu'il s'agit là d'un levier important. Serge Lasvignes, ancien du Centre Pompidou, estime « normal que des établissements publics prospectent et investissent pour trouver de nouvelles ressources. Les partenariats avec des pays étrangers permettent aussi la création d'emplois ».

C'est difficile de le vérifier pour l'IMA. Sur son site internet, il n'existe pas de rapport d'activité mis à jour. Le dernier disponible vaut pour la période 2019-2020 au moment où je réalise cette enquête. Aucun rapport d'activité annuel n'a été réalisé pour la période de 2015 à 2019, durant laquelle les chiffres du mécénat sont uniquement consultables dans un dossier intitulé « Le renouveau de l'Institut du monde arabe 2016-2019 ». L'encadré « Quelques chiffres clés » vante la bonne santé financière retrouvée de l'institution après des années en péril. Mais il ne mentionne aucunement la source des chiffres avancés par l'Institut. Ni le nom des mécènes, ni la provenance de ces sommes d'argent.

La question de la dépendance à certains pays a provoqué une autocensure à l'intérieur de l'institution.

François Zabbal, directeur de la revue trimestrielle de l'IMA *Qantara*, affirmait, comme d'autres, qu'il n'y est pas possible d'aborder les sujets qui fâchent comme « les droits de l'homme en Arabie saoudite, au Qatar, et jusqu'en 2011, pour la Syrie ».

Jack Lang, pour qui le rayonnement de ce lieu culturel et diplomatique n'a pas de prix, réplique au contraire que le mécénat « nous donne une vraie liberté de programmation ». La preuve : « Pour nos expositions, nous choisissons des commissaires incontestables et indépendants. » Dans cet article du *Monde*, il ne prend pas comme exemple Laïla Nehmé mais Chris Dercon, l'ancien patron de la Tate Modern, celui qui était au forum du Davos du désert au même moment où s'ouvrait l'exposition « Al-Ula, merveille d'Arabie » à l'IMA à Paris, et qui, selon Jack Lang, « travaille sur un projet d'exposition sur l'art contemporain en Arabie saoudite ». Jack Lang le garantit : le mécénat ne l'a jamais empêché d'agir en « totale liberté ». Il n'a « jamais reçu la moindre instruction ni la moindre demande d'un pays ». Pourtant, le royaume saoudien a conditionné la remise du chèque de 5 millions d'euros en 2017 à la nomination d'un Saoudien à la direction générale de l'IMA : Mojeb al-Zahrani, bras droit de Jack Lang jusqu'à la rentrée 2022.

Une Saoudienne occupait ce poste avant lui : Mona Khazindar, qui réside depuis en Arabie saoudite. En 2018, elle a été nommée par décret royal membre de l'Autorité générale saoudienne de la culture. Elle est présente dans quantité d'institutions culturelles que l'Arabie saoudite a mises sur pied ces dernières années. Membre du conseil consultatif de la Fondation Misk, membre du conseil consultatif du King Abdulaziz Center for World Culture (Ithra), ou encore membre de la Commission des musées saoudiens, après avoir été nommée conseillère culturelle de la Commission saoudienne du tourisme et du patrimoine. Met-elle aujourd'hui son expertise culturelle à la française à disposition du royaume saoudien ? Je ne le saurai pas. Elle a décliné ma demande d'interview. Tout comme Jack Lang.

« Chère Madame,

J'ai bien reçu votre courrier par lequel vous souhaitiez échanger avec moi autour de l'Arabie saoudite.

Je tenais à vous féliciter d'avoir entrepris cet ouvrage traitant d'un sujet passionnant, et de ces évolutions inédites et positives engagées par les autorités saoudiennes dans le Royaume.

Malheureusement, mon agenda extrêmement chargé ne me permettra pas de vous recevoir.

Je vous souhaite néanmoins succès et réussite pour la poursuite de ce travail.

En vous remerciant encore pour votre aimable courrier, je vous prie de recevoir, Madame, l'expression de mes sentiments les meilleurs,

Jack LANG »

*

Mai 2022. L'IMA accueille au sein de son auditorium « La nuit du cinéma saoudien », un événement organisé par Génération 2030, l'association franco-saoudienne dont Timothée Dufour, ancien de l'ambassade, est le directeur exécutif. Une soirée de projection de courts et de longs métrages saoudiens, « pour découvrir certaines de ces nouvelles pépites cinématographiques ». C'est la deuxième fois que Génération « 20-30 » tient une manifestation culturelle à l'IMA. En juillet 2021, à la veille de l'ouverture du Festival de Cannes, les amoureux du grand écran pouvaient assister aux « Nuits du cinéma de Djeddah », en partenariat avec le Festival international du film de la mer Rouge, ou Red Sea International Film Festival (RSIFF).

Cet événement culturel est la version saoudienne de notre festival de cinéma annuel où les acteurs du monde entier défilent sur la Croisette. Dans les années à venir, l'Arabie saoudite, nous assurent les communicants, sera un haut lieu du 7e art ! C'est en tout cas la volonté de MBS, qui a permis la réouverture progressive des cinémas à partir de 2018, interdits depuis trente-cinq ans.

Pour y parvenir, le royaume a là aussi fait appel à l'expertise culturelle française. Le directeur artistique du Festival de la mer Rouge n'est autre qu'Édouard Waintrop, ancien délégué général de la Quinzaine des réalisateurs du Festival de Cannes. Également ancien critique ciné chez *Libération*, Édouard Waintrop estime que ce festival « est destiné à refléter cette métamorphose du pays et à être le lieu où les dirigeants et visionnaires du monde arabe (…) se rencontrent, célèbrent les succès et envisagent un avenir radieux. Car l'Arabie saoudite est une fleur en train d'éclore, dont vous allez être invités à admirer quelques pétales », poétise-t-il dans son discours de préambule à la soirée spéciale cinéma saoudien à l'IMA. Un cinéma qui « naît sur de très bonnes bases : une liberté de plus en plus revendiquée et acceptée », dit-il au micro de Génération 2030. Pour lui, « les gens ne connaissent pas la situation en Arabie saoudite, ils ne savent pas qu'il y a une jeunesse aussi importante », poursuit-il au micro d'*Arab News* à l'été 2021 durant le Festival de Cannes.

En 2018, lors de la 71e édition du Festival de Cannes, l'Arabie saoudite fait office de jeune dernier sur la Croisette. Pour la première fois de son histoire, la pétromonarchie y présente neuf courts métrages hors compétition. Une caisse de résonance mondiale offerte par la France. Cette année-là, le royaume possède son propre pavillon et déroule le grand jeu pour séduire l'industrie cinématographique mondiale. Trois ans plus tard, la monarchie islamiste lance la première édition de son Festival de Cannes version saoudienne. Le Festival de la mer Rouge à Djeddah s'ouvre en décembre 2021, et peut de nouveau compter sur la présence des Français. Ils ont représenté, juste après les Américains, le plus gros contingent à la soirée inaugurale.

Parmi eux : Jack Lang, qui profite de l'occasion pour souligner l'élan donné à l'ouverture culturelle du pays par le prince Bader, le ministre de la Culture saoudien depuis septembre 2020. « C'est un moment historique. Vous menez une révolution culturelle entre ces murs. Longue vie au Festival, promis à devenir l'un des plus grands festivals de cinéma au monde. » Outre sa présence à la cérémonie d'ouverture le 6 décembre 2021, figurent également Catherine Deneuve, Thierry Frémaux, délégué général du Festival de Cannes et directeur de l'Institut Lumière à Lyon, Vincent Cassel, une fois de plus, ou encore Ladj Ly, le réalisateur du film *Les Misérables*. Mais aussi Cécilia et Richard Attias, le grand manitou de l'événementiel dans le Golfe, qui a hérité de la logistique du festival.

Tous l'assurent : il n'y a eu aucune censure avec les films projetés, même ceux où figuraient des scènes osées, comme des baisers langoureux dans la comédie musicale de Joe Wright, *Cyrano*. Le jury était à majorité féminin. Il est vrai que le défilé de décolletés sur le tapis rouge lors de la cérémonie d'ouverture laissait constater une évolution notable au pays des Lieux saints, quand bien même la possibilité de se rendre dans les salles obscures ne concerne encore qu'une maigre partie de la population. Seuls une quarantaine de cinémas sont accessibles dans le royaume, et le prix de la place tourne autour de 17 euros. Une coquette somme pour une jeunesse saoudienne confrontée à un taux de chômage de 15,9 % (il est de 25,2 % pour les jeunes femmes).

Présents également : Timothée Dufour, de Génération 2030, avec qui Julie Tingaud, en charge de la coopération culturelle à la Fémis, l'école de formation des professionnels du cinéma, a pu échanger sur place. Ce n'était pas la seule institution conviée à l'événement. À ses côtés, l'École des Gobelins, la CinéFabrique et l'Institut Lumière. Tous ont été invités par le consulat et l'ambassade de France à participer à une table ronde portant « sur la façon dont la France peut aider et former les Saoudiens dans le domaine de la Culture », m'apprend Julie Tingaud. « L'ambassade nous avait dit qu'il y avait une carte à jouer et qu'il fallait qu'on soit présents pour valoriser nos écoles. L'idée était de voir comment on pouvait leur apporter de l'expertise, explique la jeune femme, tout juste rentrée de Djeddah. Vous devriez contacter l'association Génération 2030, me conseille-t-elle. J'ai rencontré son fondateur sur place, un ancien du consul à Djeddah et de l'ambassade à Riyad. Il est bénévole, comme les autres de l'asso. Eux, ils se sont créés dans l'objectif d'être un intermédiaire. Ils ont fait venir pas mal de professionnels du cinéma : des producteurs, des scénaristes. Ils accompagnent les projets bilatéraux pour permettre l'échange entre la jeunesse saoudienne et française. » D'ailleurs, à cette occasion, « une formation de neuf mois en Animation 3D aux Gobelins à destination de quinze étudiants saoudiens a également été montée », m'apprend Timothée Dufour.

Elle s'ajoute aux autres formations dans le domaine du cinéma élaborées lors du passage de MBS à Paris et mises en place à l'été 2018. Pendant six semaines, douze jeunes saoudiens sont venus apprendre la réalisation de courts métrages dans les locaux parisiens de la Fémis. Puis douze autres à l'automne 2019. En 2020, Covid oblige, la formation a eu lieu à distance, en ligne. La Fémis a bon espoir de réitérer l'expérience, même si, avoue Julie Tingaud, « c'est toujours assez chaotique de bosser avec l'Arabie saoudite. L'accord signé en 2018 était en fait un accord culturel étatique signé entre les ministères de la Culture. Nous, on avait aussi signé un accord pour trois ans mais avec une entité qui n'existe plus, la General Culture Authority. L'entité a été modifiée et maintenant c'est le ministère de la Culture saoudien qui a pris le relais. Il n'a pas cessé d'avoir des restructurations locales, c'était un peu compliqué à suivre. Ils veulent une formation, puis c'est silence radio pendant des mois, puis il faut de nouveau être ultra-réactif… »

L'école ne va pas refuser un chèque saoudien. Ces formations express lui ont rapporté près de 300 000 euros en trois ans, alors que les subventions du Centre national du cinéma et de l'image animée (CNC) – qui finance à hauteur de 75 % cet établissement public – sont en baisse et que la Fémis doit se charger de trouver les 15 % restants par ses propres ressources. De quoi développer des formations, mais aussi permettre à l'institution de « rayonner à l'international et d'attirer un public étranger », souligne Julie Tingaud.

En outre, l'accord étatique de 2018 prévoyait un partenariat avec l'INA pour la numérisation des archives du royaume saoudien. Et un autre avec l'Opéra de Paris, dans le but d'élaborer un orchestre et un opéra sur le sol saoudien, dont Steele & Holt devait avoir la charge de la communication. L'Arabie saoudite annonçait en février 2018 son intention d'investir 52 millions d'euros dans le divertissement où, outre l'ouverture de cinémas, l'opéra doit voir le jour sur les bordures de la mer Rouge, dans cette grande ville de l'ouest saoudien qu'est Djeddah. Le même projet dont Sylvain Fort, pourtant féru d'opéra, n'avait jamais entendu parler, m'assurait-il. Il n'est à vrai dire pas le seul. L'Opéra de Paris lui-même ne semble pas avoir été mis au courant d'une quelconque collaboration.

« Je suis absolument désolée de cette situation, me confie Emmanuelle Rodet, chargée de communication de l'Opéra de Paris. Ni moi ni le directeur adjoint actuel, Martin Ajdari, ne sommes au courant de tout ça. J'ai fait une enquête en interne pour voir ce qu'il en était, mais rien. Ce qui est certain, c'est que je retrouve dans la presse un article sorti à l'époque où Françoise Nyssen était ministre de la Culture. Il annonçait que la France allait aider l'Arabie saoudite dans l'élaboration d'un orchestre. Aucune suite n'a été donnée à ça. Peut-être que ça a été un vœu pieux, mis en place par un ministre de la Culture qui n'est plus le même aujourd'hui, et que ceci est tombé dans les oubliettes…

— C'est déjà arrivé à l'Opéra qu'on annonce en grande pompe un partenariat avec un pays, et que ce soit un tel flou ensuite ?

— Je ne crois pas non… »

Ce n'est pas la première fois qu'un projet d'envergure avec l'Arabie saoudite, annoncé à grand renfort de trompettes par nos autorités, s'est en fin de compte soldé par un flop.

2. *Le temps des désillusions*

> « Ce qu'il faudrait faire un jour, c'est la balance entre ces contrats qui ne nous rapportent pas, ou peu, et ce que nous coûte l'islamisme wahhabite dans son expression en France. Ce n'est pas le même budget. La lutte contre le salafisme en France nous coûte très cher, et pas seulement si l'on pense à l'aspect sécuritaire police-justice. »
>
> Alain Chouet, ancien chef de service à la DGSE

À Djeddah, sur les bords de la mer Rouge, le bruit des bulldozers est incessant. Depuis fin 2021, les chantiers avancent tambour battant dans une trentaine de quartiers du nord de la ville, pour faire sortir de terre l'ambitieux projet du prince héritier : un nouveau port sur la mer Rouge. Majestueux, grandiloquent, avec des bâtiments modernes, une marina de 500 yachts, un stade et un opéra.

Pour l'heure, dans sa réalisation, aucun Français en vue à l'horizon.

Pas plus concernant ledit partenariat entre l'Ithra, la branche culturelle de Saudi Aramco, et le Centre Pompidou, annoncé dans l'accord intergouvernemental de 2018. Celui-ci prévoyait le partage d'expertise et l'organisation de programmations culturelles. Le Centre Pompidou avait même été approché par l'agence Afalula pour la création d'un musée d'art moderne dans la cité nabatéenne. Mais Serge Lasvignes, président de l'institution de 2015 à 2021, m'indique « ne pas avoir voulu y aller ».

Au musée du Louvre aussi, on est loin de ce qui avait été initialement prévu dans l'accord intergouvernemental signé en 2018. En réalité, seule une formation à l'éducation artistique pour des enseignants saoudiens a été organisée en 2019 avec la Fondation Misk. Au Louvre, on invoque la Covid-19 pour expliquer qu'un certain nombre de projets n'ont pas pu se poursuivre, et on me renvoie vers Afalula lorsque je cherche à savoir où en est l'aide que 25 institutions culturelles françaises, dont le Louvre, devaient apporter à l'agence – notamment à travers son expertise culturelle – pour la concrétisation de musées sur le site nabatéen. En échange de la mise en valeur d'Al-Ula, 15 milliards d'euros avaient été promis à l'institution, un fonds de dotation pour le patrimoine français devait aussi être prévu. S'est-il concrétisé ? Le musée a-t-il fermé les yeux sur les milliards annoncés ? Il ne m'a pas répondu.

L'affaire du *Salvator Mundi* en est-elle la cause ? Le nom de ce tableau est devenu synonyme d'affaire d'État entre la France et l'Arabie saoudite. Tout commence en 2018.

Le tableau le plus cher au monde – acheté quelques mois plus tôt par Bader ben Abdullah ben Mohammed ben Farhan pour le compte de MBS pour un montant de 450 millions de dollars – arrive au C2RMF, un laboratoire destiné à l'analyse d'œuvres d'art situé au sein du musée du Louvre. Riyad demande à Paris d'expertiser la toile en vue d'un éventuel prêt pour la tenue prochaine d'une grande rétrospective au Louvre, consacrée à Léonard de Vinci d'octobre 2019 à février 2020. C'est là que les problèmes commencent, et que les versions divergent sur la paternité du tableau.

En 2021, le journaliste Antoine Vitkine, dans une enquête documentaire consacrée au tableau, soutient que, d'après les analyses du Louvre, le *Salvator Mundi* ne serait qu'une œuvre d'atelier, avec une maigre contribution du maître de la Renaissance italienne. Le *New York Times* et *La Tribune de l'art* affirment le contraire. Ils avancent que le musée parisien aurait fermé les yeux sur les réserves des spécialistes pour satisfaire les volontés du prince : certifier que le tableau est 100 % de la main de De Vinci. La raison pour laquelle le prince aurait finalement décidé de ne pas prêter son bien à l'institution française serait uniquement, selon les deux médias, parce qu'elle aurait refusé d'exposer l'œuvre juste à côté de *La Joconde*. Jean-Luc Martinez, ancien directeur du musée, s'est, lui, toujours gardé de révéler les conclusions des experts scientifiques sur le tableau.

Pour Antoine Vitkine, la clé de cette énigme se trouverait du côté de l'Élysée, qui n'aurait pas voulu plier face au jeune prince.

« L'exposition était déjà en préparation depuis longtemps quand MBS a débarqué en disant "je peux vous prêter le *Salvator Mundi*", m'explique le journaliste. Le Louvre se retrouvait dans une situation extrêmement délicate : il se voyait opposé à son ministre de tutelle, Franck Riester, tenté de composer avec les Saoudiens, quand le ministre des Affaires étrangères, Jean-Yves Le Drian, était déjà acquis au camp saoudien. Les deux prenaient le parti de MBS, mais Riester cherchait une sorte de compromis pour satisfaire les réserves françaises et nuancer les volontés du prince. Pour Le Drian en revanche, le message était clair : "Donnez raison aux Saoudiens. On ne va pas créer une crise diplomatique à cause d'une histoire de tableau." Ce que je sais, c'est que c'est remonté jusqu'au président de la République, qui a arbitré. Ce qui est quand même hallucinant – ça montre bien les enjeux. Il n'a pas donné raison à MBS pour des enjeux politiques en outrepassant les dires du Louvre, ce qui est une bonne chose. »

Quid du livret mis en vente au musée du Louvre pour seulement quelques heures le jour de l'ouverture de l'exposition de Vinci ? Rapidement retiré des étals, il faisait partie, selon le *New York Times* et *La Tribune de l'art*, du catalogue officiel de l'exposition et stipulait dans sa préface signée de la main de Jean-Luc Martinez, alors patron du Louvre :

« À l'occasion du 150e anniversaire de la mort de l'artiste en France, le musée du Louvre a organisé une grande rétrospective qui entend offrir une synthèse complète sur son œuvre. C'est dans ce cadre que le *Salvator Mundi* (...)

a été étudié par le musée et le C2RMF en 2018. Les résultats (…) permettent de confirmer l'attribution de l'œuvre à Léonard de Vinci, une hypothèse séduisante proposée au début des années 2010 et qui a parfois été contestée. »

C'est l'autre mystère non élucidé dans cette histoire.

Existait-il deux versions à faire paraître dans le catalogue en fonction de l'état des relations franco-saoudiennes ? Emmanuel Macron a-t-il finalement refusé de fermer les yeux sur les réserves du Louvre quant à l'authenticité du tableau pour contraindre le royaume saoudien à payer ses dus à Afalula ? C'est une hypothèse qu'Antoine Vitkine ne rejette pas. « Je sais simplement que l'agence a sabré le champagne quand l'article du *New York Times* est sorti, et que ce tableau raconte quelque chose qui va bien au-delà de questions d'histoire de l'art. »

L'intervention politique dans le domaine culturel en inquiète en tout cas plus d'un. Tant pour la crédibilité que pour la réputation de la France dans le domaine. À commencer par Jean-Michel Tobelem, directeur de l'institut d'étude et de recherche Option Culture et enseignant à l'École du Louvre. Il dénonce la logique managériale consistant à monétiser l'échange de biens culturels qui, selon lui, a pris le dessus sur « l'exception culturelle » – le fait que les biens culturels soient censés échapper aux lois habituelles du marché. Le Code de déontologie des conservateurs et le Code éthique du conseil national des musées prohibe l'assignation d'un prix à une œuvre. Or, « depuis quelques années, m'explique-t-il, de nouveaux acteurs sont prêts à payer pour présenter des tableaux dans leurs musées, dont les pays du Golfe. Il suffit de décortiquer l'accord France-Émirats arabes unis pour voir que cette logique a explosé au centuple. Louer des œuvres d'institutions nationales françaises est désormais acté. Le dépôt d'œuvres publiques au musée du Louvre Abu Dhabi entraîne une rémunération, tout comme la mise en place d'expositions temporaires là-bas, ou l'utilisation de la marque Louvre. On a créé un précédent ici, désormais tout le monde peut s'abriter derrière l'argument suivant : "La France le fait. Elle nous donne des leçons par rapport à l'exception culturelle, affirmant que les biens de culture échappent à l'économie de marché, mais en réalité, dès qu'elle le peut, elle prend l'argent" ».

*

À Al-Ula, si des vols directs entre Paris et la cité nabatéenne ont finalement ouvert en janvier 2022, les voyageurs se font encore attendre. On en dénombrerait seulement quelques centaines par mois. Les hébergements pour accueillir les touristes ne sont de toute façon pas achevés. La construction de l'hôtel de prestige dont Jean Nouvel a la charge et dont l'ouverture était initialement prévue en 2023 n'a pas encore commencé. Aux dernières nouvelles, elle ne devrait pas avoir lieu avant le courant de l'année 2024.

Tout semble au point mort dans la coopération culturelle entre les deux pays. La France et l'Arabie saoudite, comme stipulé dans l'accord intergouvernemental d'avril 2018, ont pourtant l'objectif commun d'assurer le succès du site.

Mais nombreux sont les interlocuteurs à me certifier que le projet Al-Ula « sera un échec à l'arrivée. On nous parlait de plusieurs milliards d'euros sur des dizaines d'années, commente un businessman de la région. Finalement, en cinq ans, il n'y a eu que 50 millions d'euros investis. Mestrallet a raté le coche. C'est une agence gadget qui ne sert à rien, ce sont 50 millions d'euros par an de gabegie. En vérité, ce sont les Américains et les Anglais qui ont pris le dessus ».

« Sur Al-Ula, les Saoudiens nous ont certes confié des projets », confirme Agnès Levallois, vice-présidente de l'iReMMO, l'Institut de recherche et d'études Méditerranée Moyen-Orient, « mais encore une fois, pour les gros contrats, ce sont les Américains qui raflent la mise. Et l'Arabie saoudite se tourne également de plus en plus vers l'Asie. » Certains se désolent par ailleurs que pour le complexe hôtelier de luxe Sharaan, nommé d'après la réserve naturelle et archéologique où il doit se trouver, l'architecte Jean Nouvel n'ait pas fait appel à des entreprises françaises. Il est vrai que mis à part certains grands noms du CAC 40, rares sont les PME à avoir pu profiter des possibilités offertes par Afalula. L'agence se vantait pourtant d'avoir pour mission de « faire connaître le projet aux entreprises françaises et de promouvoir l'expertise et les savoir-faire français pour sa réalisation », selon les propres mots de Nicolas Lefebvre, directeur tourisme et hospitalité au sein de l'agence. Or sur son site officiel, un seul appel d'offres apparaît. J'ai échangé quelques minutes avec Nicolas Lefebvre par téléphone :

« Est-ce que… Il me semble qu'on s'est déjà parlé, ou… Vous avez déjà été en contact avec Afalula, non ? Parce que votre nom me dit quelque chose.

— Ah non, je n'ai encore jamais contacté l'agence.

— Ah, je dois confondre avec quelqu'un d'autre alors… Je ne sais pas pourquoi, je suis désolé. Mathias Curnier, ça ne vous dit rien ?

— Si, on m'en a parlé. C'est le responsable de la com', non ?

— Oui voilà. Alors, moi, il n'y a pas de problème pour vous répondre, mais je suis un collaborateur de cette agence, je ne suis pas indépendant, et le sujet est quand même un peu sensible, ce n'est pas à vous que je vais l'apprendre… Quand on parle de l'Arabie saoudite… Donc je vais vous mettre à l'aise : pour moi, c'est un sujet purement interne au niveau de la communication. Mathias Curnier, dont je vous ai parlé, est le responsable de la communication de l'agence. Je vais lui faire part du contact que nous avons eu et de votre demande d'entretien pour qu'il me donne son feu vert pour vous en dire plus… Ou peut-être d'ailleurs que le mieux serait de rencontrer Gérard Mestrallet. Lui, il est vraiment à l'origine d'Afalula. Emmanuel Macron l'a nommé avant même la création de l'agence pour mettre sur pied ce partenariat. Il a été la cheville ouvrière de l'accord qui a été signé entre la France et l'Arabie saoudite en avril 2018.

— On peut en discuter maintenant ? Si vous préférez, on peut aussi anonymiser notre entretien.

— Ah, oui. D'accord, je vois… Je vous dirai. J'ai votre numéro, je reviens vers vous très rapidement pour la suite. À très bientôt ! »

Je n'ai plus eu de ses nouvelles. Pas plus de Gérard Mestrallet ou de Mathias Curnier, qui n'ont pas répondu à mes demandes d'interview.

Lors du Davos du désert en octobre 2021 à Riyad, un contrat instaurant un partenariat entre la Royal Commission for Al-Ula (RCU) et un groupement d'études français constitué d'Egis, d'Assystem et de Setec – qui a déjà un contrat avec l'agence – a tout de même été scellé. Il prévoit la gestion de programmes d'infrastructures et des constructions afin de sécuriser les projets prioritaires. Lors de la visite du président de la République à Riyad en décembre 2021, un autre a aussi été signé avec l'école française de gastronomie Ferrandi. Il augure la création d'un collège de formation en arts culinaires, gestion hôtelière et métiers du tourisme à Al-Ula. Il permettra également à l'Arabie saoudite l'utilisation du nom et de la marque Ferrandi dans son royaume. Le même procédé que pour le Louvre Abu Dhabi.

Mais hormis ces deux contrats, les autres en sont toujours au stade embryonnaire. Pour l'instant, il ne s'agit que de protocoles d'accord conclus avec des entreprises telles que Thales, le Crédit Agricole CIB, Dassault, ou encore avec le groupe RATP, détenu à 100 % par l'État français et déjà implanté en Arabie saoudite, non sans difficultés. Associée à un partenaire saoudien – une obligation faite aux entreprises souhaitant s'établir dans le royaume –, la RATP avait remporté un contrat de 2 milliards d'euros pour l'exploitation et la maintenance de deux lignes du tout nouveau métro de Riyad prévu pour fin 2019, avant d'être repoussé à l'été 2020, puis annoncé pour l'ouverture du G20 à Riyad en novembre 2020. En fin de compte, les essais n'ont toujours pas eu lieu. « On en est nulle part », me soutient une spécialiste de la région. La RATP avait également décroché un contrat d'1,675 milliard d'euros en 2014 pour construire le réseau de bus de Riyad, toujours avec un partenaire local. Il y a six ans et demi de retard sur le contrat. La raison se trouve notamment dans le fait que le royaume wahhabite n'a pas payé le groupe pendant des années. C'est courant dans la pétromonarchie. Tous savent que Riyad paye quand elle l'a décidé, souvent avec des années de retard. Cela a posé de gros problème chez RATP Dev, filiale de RATP présente dans treize pays. À cause des impayés s'élevant à plusieurs millions d'euros, le groupe a été obligé de faire une injection de cash fin 2021. Mais ce dernier ne souhaite pas communiquer sur le sujet. « C'est confidentiel », me répond la communication de RATP Dev.

Ce n'est pas le seul à attendre son dû. « On avait financé un contrat de l'entreprise Saudi Oger pour un chantier gouvernemental à Djeddah, me raconte Patrice Couvègnes, ancien directeur général de la Banque Saudi Fransi (BSF), l'une des plus importantes banques franco-saoudiennes. Ça représentait 250 millions de dollars. La banque n'a jamais été payée par le ministère saoudien des Finances. »

Le groupe Bouygues, ou encore Alstom, qui avait décroché un contrat de maintenance de 730 millions d'euros pour certaines lignes de métro, attendent eux aussi la rentrée dans leurs caisses de plusieurs milliards de riyals.

Mais là encore, c'est l'omerta à ce sujet. Il ne faudrait pas en parler publiquement pour ne pas froisser nos amis saoudiens. « Quand j'ai commencé à élever la voix pour obtenir le dû de la banque, se souvient Patrice Couvègnes, on m'a dit "Patrice, pas d'histoires avec le gouvernement". Des clients français fournissant du matériel à des gens haut placés en Arabie ont aussi eu des problèmes de paiement. Tout comme des entreprises françaises bien connues dans la sidérurgie. L'une d'elles est venue s'installer exprès en Arabie pour fournir des tubes à une société saoudienne renommée. Une fois sur place, elle n'a rien vendu à l'Arabie car entre-temps, le royaume s'était tourné vers une société chinoise qui coûtait moins cher… L'entreprise française s'est retrouvée coincée et nous, nous étions obligés de financer l'opération. »

Du côté de Bercy, on préfère être discret pour ne pas perdre la confiance des entreprises. On reconnaît qu'il y a un certain nombre de litiges mais on ne souhaite pas s'épancher sur la question. On maintient qu'il s'agit d'une terre d'opportunités pour la France, même si on convient que le pourcentage d'entreprises françaises ayant décroché des contrats dans le cadre de la Vision 2030 de MBS est minime.

On nuance que ce serait uniquement parce que « ce n'est pas encore l'heure pour les Français, qui, dans cette première phase d'appels d'offres, ne sont pas les mieux à même de répondre aux besoins des Saoudiens », m'explique une salariée de la direction générale du Trésor. Nous, Français, avons « à apporter notre expertise dans des secteurs à haute valeur ajoutée, me soutient-elle. Et pour l'instant, on n'est pas encore à ce stade. Il y a eu beaucoup de marketing en 2018, mais il y a aussi eu beaucoup de dommages à la suite des événements qu'on connaît…

— C'est-à-dire ?

— Ce qu'il s'est passé en 2018, et qui a freiné l'intérêt de beaucoup d'entreprises internationales d'investir en Arabie saoudite.

— Les événements de 2018, c'est l'assassinat de Jamal Khashoggi ?

— Par exemple… »

« Il ne faut pas survendre l'Arabie saoudite, pense pour sa part Patrice Couvègnes. C'est une responsabilité d'envoyer des personnes dans un pays en expliquant que tout est formidable. Les gens de Business France, ou d'autres genres de structures étatiques, racontent que c'est génial de faire du business en Arabie, que le pays va s'ouvrir à l'Europe, que Washington va les laisser tomber. Ils nous disent que par conséquent, Riyad va se tourner vers nous, et que ça va très très bien se passer. Ce n'est pas vrai, on ne nous attend pas là-bas. Il ne faut pas rêver. »

Un ancien haut fonctionnaire se lamente quant à lui que « pour Afalula, en réalité, nous, Français, on a juste un rôle de conseillers de la Commission royale saoudienne. Nous avons potentiellement un statut de partenaires privilégiés, nous ferons vraisemblablement un certain nombre de choses avec eux, sur les musées qu'ils veulent créer, on en obtiendra forcément, allez, deux, trois là-dedans. Mais on aurait pu faire beaucoup plus ».

*

Malgré ses courbettes diplomatiques, la France est restée, au mieux, un partenaire de compensation pour l'Arabie saoudite, « une sorte d'allié par défaut », m'explique François-Aïssa Touazi, vice-président du conseil d'entreprises France-Arabie saoudite du Medef International, ancien collaborateur de Philippe Douste-Blazy lorsque ce dernier était ministre des Affaires étrangères entre 2005 et 2007, et auteur du livre *Le Ciel est leur limite*, paru en 2014, dans lequel il se réjouit de la montée en puissance des pays du Golfe.

Nos hommes politiques ont beau rentrer en France avec des lettres d'intention pour des contrats à plusieurs zéro à la suite, ils ont beau claironner que cela va nous rapporter des dizaines de milliards d'euros, en réalité, il n'en est rien. D'Édouard Balladur à Manuel Valls, d'Éric Besson à Arnaud Montebourg, en passant par Nicolas Sarkozy, François Léotard, Claude Guéant ou Laurent Fabius, tous ont multiplié les effets d'annonce dans l'avion les ramenant de Riyad à Paris, le cœur rempli d'espoir. Vente d'une dizaine d'Airbus A380 pour 6 milliards d'euros, contrat avec Veolia, contrat Miksa portant sur la surveillance électronique des frontières saoudiennes pour 7 milliards d'euros, âprement négocié par Charles Pasqua puis Nicolas Sarkozy… Aucun de ces chantiers annoncés en grande pompe n'a été réalisé. Même quand le royaume saoudien violait les principes du droit international. Lors de l'appel d'offres pour la construction du TGV La Mecque-Médine, « le roi Abdallah nous a donné une deuxième chance, m'explique une connaisseuse du dossier. C'est parce qu'il nous aimait bien qu'il a accepté de faire ce que l'on appelle une deuxième "invitation to tender". On aurait pu se faire attaquer devant l'Organisation mondiale du commerce pour ça. Pour autant, Thales, pour le projet de TGV, n'a pas obtenu le contrat parce qu'au dernier moment, il avait ajouté une clause financière qui était totalement en contradiction avec le cahier des charges ».

Les Français croient pourtant en leur pouvoir d'outsider, depuis des décennies.

Paris a toujours été utilisé comme un challenger diplomatique, militaire et commercial des Américains et des Britanniques, et n'a pas hésité à profiter de la place vacante pour tenter de se positionner.

Ainsi, lors du mandat de Nicolas Sarkozy, alors que le Pentagone l'avait refusé, craignant des pertes civiles, la France accepte de livrer à l'aviation saoudienne des images satellites du Yémen, alors en proie à des combats opposant l'armée yéménite à des membres d'Al-Qaïda. Sous le quinquennat de François Hollande, elle effectue des vols de reconnaissance au-dessus des positions houthies bombardées par Riyad, et fournit à l'armée saoudienne en guerre des caméras de reconnaissance de cibles. Elle remet aussi en toute discrétion la Légion d'honneur à Mohammed ben Nayef, alors prince héritier et ministre de l'Intérieur. Elle se montre intransigeante face à Téhéran, « ce qui a beaucoup plu à nos amis saoudiens », souligne François-Aïssa Touazi, également ancien conseiller pour le Moyen-Orient et l'Afrique du Nord (MENA). Dans la capitale saoudienne, l'Alliance française – un des outils de soft power – se plie au système de ségrégation de genre. « Nous sommes les seuls du réseau au monde à avoir deux sections, une masculine et une féminine », reconnaissait auprès des journalistes Christian Chesnot et Georges Malbrunot, dans leur livre-enquête, *Nos très chers émirs*, Amina Hammad, directrice de l'Alliance française de Riyad. « Cela signifie qu'on multiplie nos coûts par deux. »

En 2007, le ministère des Affaires étrangères avait provoqué un tollé en publiant, sur son site internet, l'annonce d'un poste à pourvoir à l'ambassade de France à Riyad, « exclusivement destiné à un agent de sexe masculin ». Une sénatrice des Français de l'étranger, Joëlle Garriaud-Maylam, avait interpellé le ministère : « Rappelant que la France adhère depuis plus de vingt ans à la convention des Nations unies sur l'élimination de toutes les formes de discrimination à l'égard des femmes (...), une telle exclusion des femmes n'est-elle pas contraire à notre engagement international, d'autant plus surprenante d'ailleurs que l'Arabie saoudite, ayant signé ladite convention en septembre 2000, s'est engagée vers la féminisation de ses emplois ? » Le ministère avait fait profil bas, répondant que la fiche de poste avait été modifiée.

Dans le domaine de l'armement, encore aujourd'hui, « la France n'envoie que des hommes pour former les militaires saoudiens du royaume, m'assure un salarié d'une entreprise d'armement dont la France est actionnaire. Ce que ne font absolument pas les Américains, qui eux, se moquent de préserver les Saoudiens et envoient des femmes instructeurs, notamment dans le domaine de l'aviation », me raconte-t-il.

L'ère Hollande correspond à la présidence américaine de Barack Obama, et avec ce dernier, les relations avec Riyad sont au plus mal. Une occasion en or pour la France qui « a toujours su profiter des crises avec Washington pour essayer de renforcer nos priorités économiques », m'explique fièrement François-Aïssa Touazi.

En mai 2015, François Hollande est invité au sommet du Conseil de coopération du Golfe par l'Arabie saoudite. Une première. Jamais aucun autre chef d'État occidental n'y avait été accueilli. Jamais aucun autre président de la Ve République n'était d'ailleurs venu autant de fois sur la terre du Prophète en un seul mandat.

La même année, un Fonds d'investissement franco-saoudien (FISF) prend alors forme. L'accord, qualifié de « partenariat d'excellence » par Laurent Fabius, ministre des Affaires étrangères et chef de file du dossier, est officialisé après une visite du Premier ministre Manuel Valls à Riyad, où il a rencontré le prince al-Walid ben Talal en compagnie de Jack Lang et de Jean-Marie Le Guen, alors secrétaire d'État. Ce Fonds d'investissement est notamment composé d'un consortium d'entreprises françaises réunissant la Caisse des dépôts (CDC), les Aéroports de Paris, Axa, Eiffage, Engie, Orange, Safran ou encore Suez Environnement. Il se voit prendre une participation dans le capital de l'entreprise du prince al-Walid, la Kingdom Holding Company, qui fait son entrée à la nouvelle Bourse de Riyad, à hauteur de 150 millions de dollars. Il doit être concrétisé en 2016.

Sept ans après, bien loin du projet initial, le FIFS, depuis installé à Dubaï sous le nom de Five Capital Advisors, a « été dilué dans BPI », m'apprend Sylvain Fort.

Le roi Salman promettait à Paris d'investir 50 milliards de dollars sur le marché financier français. Et puis, ça a fait pschit.

Du côté de la diplomatie, on explique cette déconvenue par le manque de reconnaissance de la part de l'opinion publique française, assure Bertrand Besancenot, ancien ambassadeur de France à Riyad :

« Lorsque Mohammed ben Nayef a été décoré – parce que c'est une habitude protocolaire, c'est tout –, il y a eu des critiques acerbes de la part de la presse, des médias, de l'opinion publique. Du côté saoudien, ça a été mal perçu. Ils se sont dit "on leur offre 50 milliards et notre prince héritier se fait insulter ?"

— Mais ces 50 milliards, ils ne se sont jamais concrétisés…

— Non, mais justement. C'est ce que je suis en train de vous raconter : la série de choses qui a conduit à ça. La campagne présidentielle de 2016 a été un déchaînement contre l'Arabie saoudite et le Qatar. Du côté saoudien, les gens ne comprenaient pas ce qu'il se passait. »

Déjà, lors d'une visite officielle dans le royaume en 1977, le président de la République Valéry Giscard d'Estaing s'exclamait : « Une décision de principe a été prise : celle de confier à la France la réalisation du centre de recherche nucléaire, ce qui représente une opération, je vous l'indique, de grande importance. » Près de quarante ans après, il n'y a toujours pas l'ombre d'une centrale française en terre saoudienne. Pire, l'ébauche d'un contrat signé en 2011 entre EDF et un groupe saoudien pour la construction et la maintenance de seize centrales nucléaires – dont la mise en service était annoncée pour 2030 – s'est soldée par une plainte de la part de la partie saoudienne devant la Chambre internationale de commerce, à Paris. EDF s'était finalement associé à Areva en 2012, provoquant le changement de partenaire saoudien pour réaliser le projet. Il est resté au point mort.

VGE clamait aussi avoir décroché « le contrat du siècle » avec le royaume saoudien en ayant obtenu un prix d'achat privilégié de son sans plomb après le premier choc pétrolier de 1973. Ce qui n'a en réalité pas été le cas, comme l'affirmaient, dès 1982, les journalistes Pierre Péan et Jean-Pierre Séréni dans leur livre *Les Émirs de la République : l'aventure du pétrole tricolore*. « L'automobiliste français n'a pas payé son "super" moins cher que son voisin allemand », soutenaient-ils. Aujourd'hui encore, à en croire Stéphane His, ancien économiste à l'Institut français du pétrole (IFP), les cadeaux de Paris envers Riyad n'ont pas d'impact sur le coût de l'essence pour le consommateur français. « La France est trop petite pour avoir une quelconque influence sur ce point, me décrypte le désormais consultant indépendant sur les sujets du climat et des énergies renouvelables. Ce sont l'Arabie saoudite et la Russie qui tiennent les rênes. Ils ont le robinet sous la main, et eux seuls décident s'ils veulent adapter le prix du pétrole aux crises comme celle que l'on a connue dernièrement avec la Covid-19. »

De tous temps, la France a courtisé l'Arabie saoudite, et elle a chaque fois crié victoire un peu vite. « Si l'on reprend les déclarations des différents responsables politiques français qui sont allés en Arabie saoudite, m'explique Agnès Levallois, systématiquement, à la fin de leur voyage à Riyad, ils disent que 10 milliards de contrats ont été signés. Il y a toujours ce chiffre de 10 milliards qui est avancé, mais dans les faits, très peu de choses se concrétisent », rappelle la spécialiste de la région, également maîtresse de conférences à Sciences Po Paris et chargée de cours à l'ENA.

Les rencontres entre nos hommes politiques et les membres de la famille royale se caractérisent davantage, pour nos hommes politiques, par les longues heures à attendre d'être reçus. En 2009, le ministre des Affaires étrangères d'alors, Bernard Kouchner, avait ainsi vu sa visite officielle reportée d'un mois à la dernière minute en raison d'une impossibilité pour le roi de le recevoir. Bernard Kouchner n'en avait publiquement pas tenu rigueur au roi Abdallah. Il avait préféré souligner, à l'occasion de leur rencontre, « qu'il y a actuellement en Arabie saoudite, une évolution des politiques, mais aussi des mentalités, que le roi essaie d'insuffler ». Lors de la visite de Manuel Valls dans le royaume en 2015, aucun prince n'était venu l'accueillir à l'aéroport, et on ne dénombrait aucune altesse royale lors du dîner officiel. Jean Nouvel a lui « été gardé trois semaines sur place alors qu'il devait rester quelques jours pour rencontrer

MBS et parler d'Al-Ula, explique une source, fin connaisseur du pays. Le prince reportait le rendez-vous tous les deux jours. Certains membres de l'équipe de Jean Nouvel qui l'accompagnaient pour le déplacement ont dû passer Noël dans leur chambre d'hôtel au Ritz parce que MBS n'était pas prêt à les recevoir ».

Dans les faits, la France est loin d'être un grand partenaire économique du royaume. En 2020, elle se classait au 24e rang des clients de l'Arabie saoudite avec 1 % de ses exportations, et au 7e rang des fournisseurs avec 3 % de ses importations. Certes, en 2021, les échanges de biens entre les deux pays se sont élevés à 6 milliards d'euros, en hausse de 25 % par rapport à 2020, mais seulement en contraste avec cette année compliquée suite à la pandémie de Covid-19. Et les exportations ne représentent qu'un total de 2,7 milliards d'euros, principalement en raison des livraisons aéronautiques. C'est moins que les importations en provenance de Riyad, qui s'élèvent à 3,3 milliards d'euros, pour l'achat de pétrole. « Notre balance commerciale avec l'Arabie saoudite demeure fortement tributaire de l'évolution des cours du pétrole. À l'exception de 2016 et 2017, nos échanges commerciaux bilatéraux ont été structurellement déficitaires depuis 2011 », écrit la direction générale du Trésor dans son bilan annuel.

Paris se situe loin derrière la Chine, les États-Unis, le Japon, l'Allemagne ou l'Inde en matière de pays fournisseurs de l'Arabie saoudite.

Le commerce français avec l'Arabie saoudite repose essentiellement sur la vente de viande de volailles. C'est le produit le plus exporté vers les pays du Moyen-Orient. La monarchie islamiste est la première destination de nos producteurs bretons, qui sont très dépendants de cette zone.

L'autre domaine est celui des armes, et contrairement à ce qui est annoncé par nos représentants, il nous coûte parfois plus qu'il ne nous rapporte. En 2003, *La Tribune* annonçait ainsi que l'État allait nettoyer les comptes de la Direction des constructions navales (DCN), actuel Naval Group, le même qui assure l'entretien des navires de guerre ayant participé au blocus maritime dans le port d'Hodeïda. Paris a apuré pour 304 millions d'euros « les errements du passé » de l'entreprise. Ceci s'inscrivant dans le cadre de la réforme de DCN, qui selon le quotidien économique, devait coûter en sus 1,2 milliard d'euros à la France. Face à la question des contrats d'exportation à perte passés par DCN, le ministère de la Défense, alors dirigé par Michèle Alliot-Marie, répondait qu'ils avaient été conclus essentiellement avant 1995 et que leur réalisation s'était déroulée au cours des années 1997-2001. Il s'agissait notamment du contrat Mouette. Signé en 1994 par François Léotard pour 3,1 milliards de francs, il prévoyait le carénage de six navires pour l'Arabie saoudite. Mais en raison d'une mauvaise évaluation de la part de CMN (Construction mécanique de Normandie) dans l'estimation de la modernisation de la flotte marine, il avait entraîné une perte de 1,2 milliard de francs en

1998, soit plus du tiers de sa valeur. Idem pour le fameux contrat Agosta, également signé en 1994 de la main de François Léotard, et qui prévoyait la fourniture de trois sous-marins au Pakistan.

Face à cela, l'ancien ministre de la Défense m'a rétorqué ne pas regretter l'avoir approuvé car, dit-il, « on ne peut pas prévoir ça. Souvent, ça se révèle au fil du temps. Après, est-ce que des calculs ont été faits pour prouver qu'à moyen terme, ce serait une perte ? Je ne sais pas si c'est le cas sur le plan purement financier. Lui, préfère retenir que les ateliers de Cherbourg, en vendant à l'extérieur, font vivre en partie les armées françaises. C'est ce qu'on a dit dans le procès qui m'a été fait, c'est ce que j'ai développé : vendre des sous-marins permettait de maintenir une technologie française de qualité – qui nous a d'ailleurs échappé. La vente de Rafale, comme la vente de sous-marins, ce sont des actions commerciales qui retournent in fine sur les forces françaises, en positif. C'est évident. S'il apparaît que ce n'est pas le cas, il faut dire "vous vous êtes plantés", ça peut arriver dans tout choix économique ». Une phrase que François Léotard ne prononcera pas lors de notre entretien.

Aujourd'hui, combien les contrats d'armement passés avec l'Arabie saoudite rapportent-ils à l'État ? Lui qui détient plus de la moitié de Défense conseil international (DCI), mais aussi 62 % de Naval Group, ou encore 100 % de Groupement industriel des armements terrestres (GIAT), dont Nexter est une filiale, et qui produit les canons Caesar. L'Agence des participations de l'État (APE), l'institution faisant office de représentant de l'État dans les entreprises où il possède des actions, n'a pas répondu à ma demande. Son directeur général, jusqu'en juin 2022, était Martin Vial, époux de Florence Parly, ministre des Armées jusqu'en mai 2022.

Concernant les montants des investissements saoudiens en France, ils représentaient en 2017, selon les journalistes Christian Chesnot et Georges Malbrunot, auteurs de *Nos très chers émirs*, 829 millions d'euros, soit 3 % de ceux réalisés à travers le monde. C'est sans compter les investissements immobiliers, estimés à plusieurs centaines de millions d'euros, mais exonérés de tout impôt suite à une convention fiscale avantageuse signée en 1982, et permettant de belles économies. Sous l'ère Mitterrand, le ministre du Budget d'alors, Laurent Fabius, rédige cette convention en vue d'éviter ce qu'il sera convenu d'appeler pudiquement « les doubles impositions ». En France, tout citoyen saoudien est ainsi exonéré d'impôt sur le revenu, sur les successions, et sur la fortune. L'impôt sur les revenus de créances est aussi exempté. Idem pour tout citoyen français au pays des Lieux saints, sachant qu'il n'existe aucun impôt sur le revenu dans le royaume.

En réalité, c'est surtout pour les entreprises françaises – compagnies pétrolières en tête – que la convention est avantageuse puisqu'elle leur évite de payer en France les impôts sur les bénéfices des activités réalisées en Arabie saoudite. Ainsi, « Total, en co-investissant avec la compagnie pétrolière Saudi Aramco, paie le montant du baril brut à prix coûtant, et revend le produit au prix du marché, m'indique Stéphane His, ancien économiste à l'Institut français du pétrole. Cela signifie quoi ? Que pour Total, la rentabilité de l'investissement est décuplée, analyse le consultant indépendant. En Arabie saoudite, poursuit-il, le prix de production du pétrole équivaut à quelques dollars par baril, ce qui n'est jamais le cas pour le prix du marché. Vous imaginez les bénéfices : vous payez votre matière première 1 ou 2 dollars, et vous la revendez à un prix d'au moins 50 dollars, même sans transformation ».

En 1993, le ministre du Budget, Nicolas Sarkozy, élargit un peu plus le champ d'exonération des impôts. À partir de cette date, sont également dispensés de taxes les produits que les Saoudiens tirent de la location de leurs biens en France, et vice versa. Des mesures qui exemptent d'impôts les plus-values immobilières et les gains en capital. Elles sont exceptionnelles. Seuls cinq autres États, tous situés dans le Golfe, en bénéficient. Parmi eux : le Qatar. Pour la pétromonarchie, Nicolas Sarkozy avait là aussi arrogé un avenant à la convention signée avec Doha, ce qui provoqua l'ire d'une partie de la classe politique française. « La République française, sous la responsabilité de Nicolas Sarkozy, donne un avantage fiscal incroyable au Qatar », dénonçait alors François Bayrou, quand Nathalie Goulet avançait que « cette convention fait de la France un paradis fiscal pour les investisseurs du Qatar ». Et pour ceux d'Arabie saoudite ?

Le manque annuel à gagner pour les finances publiques, selon la rapporteure du Budget à l'Assemblée nationale en 2017 Valérie Rabault (PS), s'élevait de « 150 à 200 millions d'euros ». Combien s'agissant de Riyad ? Impossible à chiffrer tant le sujet est opaque et qu'il n'a fait l'objet d'aucun rapport officiel.

Mise en vigueur en mars 1983, cette convention franco-saoudienne établie le 18 février 1982 a été reconduite six fois tous les cinq ans par échange de lettres diplomatiques. Ni le début de la guerre au Yémen, ni l'assassinat de Khashoggi n'ont changé la donne. Le 25 novembre 2019, Emmanuel Macron, Édouard Philippe et Jean-Yves Le Drian la signaient de nouveau pour cinq ans.

Comment expliquer les récentes déceptions ? Peut-on trouver une réponse suite à l'opération anti-corruption menée par MBS fin 2017 ? « L'enfermement au Ritz-Carlton de toutes ces personnalités a mis au placard les anciens intermédiaires, admet un haut fonctionnaire de Bercy. C'est un secret de polichinelle de dire que le prince al-Walid ben Talal était proche d'entreprises de l'Hexagone. » Pour autant, est-ce sa chute qui a pu entraîner l'arrêt de certains projets ? « Non, croit-il savoir. L'Arabie saoudite reste un pays plein d'opportunités. Aujourd'hui, il n'y a plus ce processus d'intermédiaire. C'est devenu professionnel, il y a des commissions, un traitement équitable, et tout un processus à mener à bien pour décrocher un contrat.

Ce n'est plus comme avant. Les appels d'offres sont monnaie courante maintenant. »

Le problème, selon plusieurs de mes interlocuteurs, résiderait davantage dans la façon dont les Français se comportent : ils pensent avoir la meilleure technologie, le meilleur produit, ils arrivent sur place en terrain conquis. Et ils se trompent complètement.

« Les entreprises françaises considéraient jusque-là qu'à partir du moment où il y avait un appui politique, ils n'avaient pas à faire d'efforts sur les prix ou sur les conditions pour un contrat, développe Bertrand Besancenot, ancien ambassadeur de France à Riyad. Beaucoup de ces entreprises portent des lunettes qui ont 20 ans. Ils sont persuadés qu'on est toujours au pays de l'or noir. L'Arabie, ce n'est pas *Tintin au pays de l'or noir*. »

Ce que me confirme Saleh al-Tayar, secrétaire général du Conseil d'affaires franco-saoudien, basé à Paris. « Les entreprises françaises ont trop confiance en elles, m'expose-t-il. Elles pensent être les meilleures du monde. C'était peut-être le cas il y a vingt ou trente ans, mais les choses changent. Elles ne s'adaptent pas au marché saoudien, soutient-il. Elles sont toujours en retard par rapport à l'Allemagne ou à la Grande-Bretagne. Sans parler du fait que les Français sont arrogants. Dans les années 1990, alors que cet avocat d'affaires en Arabie saoudite accompagne une délégation saoudienne en déplacement à Paris, le PDG d'un grand groupe du

CAC 40 nous reçoit les pieds sur son bureau, à moitié allongé dans son fauteuil. Résultat, le contrat a été signé avec un autre groupe. Il a été perdu à cause d'un seul homme. »

La promptitude de nos dirigeants à annoncer, à peine sortis du territoire saoudien, la signature de contrats mirobolants qui ne sont en fait que des accords de principe, n'arrangerait rien.

L'autre explication quant au fait que la France ne se contente que des miettes de l'Arabie saoudite se trouverait dans le rapport à l'argent de nos dirigeants. « Personne ne voudra vous en parler mais on voyait très bien jusque-là que certains politiques venaient faire leurs petites affaires, me raconte un expert de la région. Ils venaient pour des missions officielles et en même temps, ils demandaient à rencontrer telle et telle personne pour ceci ou cela. Les Saoudiens nous le rapportaient après, ils étaient choqués. »

« Le nombre de fois, lors de réunions de service à la direction Afrique du Nord Moyen-Orient du Quai d'Orsay, où j'ai entendu des collègues autour de la table dire "on a un problème de financement de tel projet, on pourrait demander aux Saoudiens ou aux Qataris"... », me rapporte de son côté un ancien haut fonctionnaire, « c'était frappant. En France, systématiquement, on considère quand une personne a de l'argent, qu'elle va donner un chèque prépayé. Mais attendez, ça ne fonctionne pas comme ça. » À tel point qu'un dignitaire saoudien n'a pas hésité à confier à un ancien diplomate : « Vous les Français, vous ne vous intéressez qu'à notre argent. Vous vous comportez comme des prostituées. Ne venez pas vous étonner qu'on vous traite comme telles. »

3. *La poule aux œufs d'or*

> « Lors de la première visite à Paris du prince Sultan, ministre saoudien de la Défense et prince héritier, Michèle Alliot-Marie lui avait demandé s'il y avait des griefs à notre égard qu'elle devrait connaître avant de débuter la relation. Il lui a répondu : "C'est très simple. Nous aimons travailler avec les Français parce que vous avez d'excellentes entreprises dans le domaine de l'armement, et une très bonne technologie. Oui, nous sommes un peu plus riches que d'autres, on accepte l'idée de payer un peu plus cher. Mais de là à ce que les prix s'élèvent d'au moins 30 %, si ce n'est plus, ce n'est pas possible." »
>
> Bertrand BESANCENOT,
> ancien ambassadeur de France en Arabie saoudite

L'Arabie saoudite, m'explique-t-on, en aurait marre de se faire plumer.

Au début des années 1980, les caisses de l'État sont vides. La France de François Mitterrand cherche à les remplir. Le tout nouveau président de la République réserve alors sa première visite officielle à l'étranger au royaume saoudien, en janvier 1981. Un honneur pour Riyad qui accepte de prêter de l'argent à Paris. Selon la version officielle, le royaume saoudien aurait fait un dépôt de 2 milliards de dollars auprès d'une banque française, sans que les dirigeants de l'époque ne donnent la moindre information supplémentaire. Des rumeurs, des légendes et des livres publiés dans les années 1990 parlent d'une tout autre somme, d'un montant supérieur à 100 milliards de francs. Ils avancent l'utilisation de canaux officieux ayant permis la contraction de ce prêt et ayant entraîné des dérives de la part des autorités françaises. Selon certains, elles auraient tenté d'escroquer les intermédiaires saoudiens en ne leur versant pas les commissions attendues. Des mystères non élucidés qui resteront dans les tiroirs de la Ve République.

Depuis quarante ans, les relations entre la France et l'Arabie saoudite ont un parfum de soufre.

8 mai 2002. Onze employés français de la Direction des constructions navales (DCN), actuel Naval Group, trouvent la mort dans un attentat au Pakistan. Une enquête est ouverte, la piste islamiste est privilégiée par le juge anti-terroriste chargé de l'affaire, Jean-Louis Bruguière. Elle est finalement abandonnée, les enquêteurs s'orientant vers une autre piste : celle des représailles à l'encontre de Paris. Les employés de DCN, mais aussi ceux envoyés par Défense conseil international (DCI),

venaient visiter, à Karachi, le site d'assemblage où devait être construit l'un des trois sous-marins achetés par le Pakistan dans le cadre du contrat Agosta, signé la même année que le Sawari II par François Léotard, en 1994. Un contrat qui aurait été essentiellement subventionné par l'Arabie saoudite. Selon le rapport dit Nautilus – une enquête commandée à l'époque par DCN –, la raison de cet attentat ne serait rien de moins que celle d'un règlement de comptes suite au non-versement de rétrocommissions promises par la France à des officiels pakistanais. C'est aussi la thèse privilégiée par le juge d'instruction Marc Trévidic qui émet l'hypothèse de représailles pour ces commissions promises par les officiels français, et non versées. Il va notamment s'intéresser à l'intervention mystérieuse d'un prince saoudien, qui aurait été sur le point de verser une coquette somme d'argent aux familles françaises des cibles de l'attentat. Ce qui avait, à l'époque, interpellé la fille d'une des victimes, Magali Drouet, qui confiait à la presse : « Pourquoi aurait-il souhaité nous indemniser si l'Arabie saoudite n'avait pas un rôle à jouer là-dedans ? Et pourquoi l'État français l'aurait empêché de le faire s'il n'y avait pas un intérêt français aussi de ce côté-là ? Pourquoi un pays tiers pourrait avoir envisagé de "faire taire" les familles à coups de millions ? »

Dans cette enquête, Marc Trévidic s'intéresse également à un autre citoyen saoudien : Ali ben Moussalem, un intermédiaire pour le compte du royaume saoudien avec qui Ziad Takieddine et Abdul Rahman al-Assir, intermédiaires français, avaient la charge de négocier.

Conseiller du roi Fahd, « son ami d'enfance », m'apprend François Léotard, Ali ben Moussalem était « le représentant officiel du roi dans les démarches qui ont eu lieu. Ce n'était pas n'importe qui. C'était un cheikh, il avait de l'influence sur le roi. C'était lui la pièce essentielle de la négociation avec le Pakistan ».

Figure clé des contrats d'armements, il est également suspecté par les services de renseignements occidentaux d'être un bailleur de fonds indirect du terrorisme, en ayant financé des groupes islamistes au Yémen, soutenus en toute discrétion par l'Arabie saoudite. Mort en 2004, en Suisse, Ali ben Moussalem est surnommé « le fantôme de Karachi ». Il était soupçonné par le juge d'instruction Marc Trévidic, qui n'a pas été en mesure de répondre à mes questions, d'avoir commandité l'attentat de Karachi. Après la victoire de Jacques Chirac en 1995, une partie de « l'argent noir » des contrats qui devait lui revenir lui a échappé. L'une des hypothèses émises par le juge est que Ben Moussalem aurait pu vouloir se venger.

Ce dernier, François Léotard l'a rencontré à plusieurs reprises avant la signature des deux contrats en 1994. Lorsque je l'interroge à ce sujet, l'ancien ministre de la Défense clôt l'entretien qu'il avait accepté de m'accorder.

« Comment avez-vous réagi en apprenant qu'Ali ben Moussalem était soupçonné de financer indirectement le terrorisme ?

— Ah non, je n'ai jamais entendu ça.

— Pourtant, il a été soupçonné par le juge Marc Trévidic d'avoir commandité l'attentat de Karachi…

— Moussalem ? J'ai rencontré Trévidic, il me l'aurait dit. Là, je n'ai pas la mémoire, vraiment. Je ne me camoufle pas, je ne sais pas.

— Pourquoi Jacques Chirac, à votre avis, a-t-il décidé d'arrêter le versement des rétrocommissions ? Pensez-vous que ça ait pu conduire à l'attentat de Karachi qui a provoqué la mort de onze Français ?

— Je ne sais pas. Tout ce que je sais c'est que la haine politique existe. C'est tout ce que j'ai à vous dire. On va s'arrêter là. Je vous remercie. »

Cet attentat a en partie mis en lumière un système de commissions et de supposées rétrocommissions qui aurait été élaboré pour financer la campagne présidentielle échouée d'Édouard Balladur en 1995. Il s'agit du volet financier de l'affaire Karachi, dont le juge Renaud van Ruymbeke a eu la charge.

Au début des années 2010, la justice ouvre des enquêtes pour comprendre si une centaine de millions de francs de commissions occultes issus du contrat Sawari II, ainsi que d'un deuxième, indissociable et signé avec le Pakistan, le contrat Agosta, auraient payé la campagne présidentielle ratée d'Édouard Balladur en 1995, tout en ayant enrichi certains de ses proches.

La transaction du Sawari II se caractérise par l'intervention directe du Premier ministre dans les négociations, ainsi que de son directeur de cabinet, Nicolas Bazire. Les principaux protagonistes sont tous des proches de l'ancien Premier ministre. Parmi eux, le conseiller politique RPR (Rassemblement pour la République) de François Léotard, Renaud Donnedieu de Vabres, qui a ensuite rejoint l'UDF (Union pour la démocratie française), et été ministre de la Culture de 2004 à 2007, mandat durant lequel il signa le contrat pour la création du Louvre Abu Dhabi. Mais aussi Nicolas Sarkozy, alors ministre du Budget et porte-parole de la campagne présidentielle d'Édouard Balladur. Il est l'un de ceux à l'avoir convaincu de se présenter face à Jacques Chirac alors qu'il n'était pas le candidat officiel du RPR, et ne disposait pas des fonds du parti.

Dans cette histoire tumultueuse, un autre fait a interloqué la justice française. Alors que la Direction des constructions navales (DCN) disposait déjà de ses propres intermédiaires, elle s'est vu imposer deux hommes, tous deux d'origine libanaise, pour la négociation du Sawari II. Le ministère de la Défense et l'équipe d'Édouard Balladur ont parachuté à l'époque ceux que les médias ont surnommés le « réseau K » (K pour Kingdom – le royaume saoudien) : Ziad Takieddine et Abdul Rahman al-Assir. Deux intermédiaires jugés coûteux et inutiles par les juges français.

Un ancien représentant des Saoudiens dans la signature du contrat Sawari II, le marchand d'armes Amr Haggag, affirmait à Mediapart en 2010 qu'« il fallait aller très vite. Nicolas Bazire était tout le temps dans l'avion, entre Paris et Riyad. Preuve de cette précipitation, le contrat fut signé au Maroc (…) tout simplement parce que le prince Sultan y séjournait à ce moment-là (…) et qu'encore une fois, il fallait gagner du temps ». Une rapidité permise grâce à Ziad Takieddine et Abdul Rahman al-Assir, qui trouverait son explication dans le financement occulte de la campagne présidentielle d'Édouard Balladur.

En 1995, malgré les espoirs du camp Balladur, Jacques Chirac remporte la présidentielle. Installé à l'Élysée, le nouveau président de la République a vent des bisbilles réalisées entre le clan de son adversaire et l'Arabie saoudite. Charles Millon, éternel rival de François Léotard, lui succède à la tête du ministère de la Défense. Ce dernier m'explique d'ailleurs : « À la passation de pouvoirs entre nous, il n'avait qu'un mot à la bouche : le contrat Sawari II. » En 2010, Charles Millon confiait déjà aux journalistes Fabrice Arfi et Fabrice Lhomme, dans leur livre *Le Contrat. Karachi, l'affaire que Sarkozy voudrait oublier*, publié en 2010 chez Stock : « Quand je me rendrai plus tard en Arabie saoudite, l'un des dignitaires du royaume me lancera, excédé : "Vous vous rendez compte, vos amis (le clan Balladur) sont beaucoup trop gourmands sur les contrats, avec les commissions. Ils me donnent 8 % et gardent pour eux les 10 % restants. C'est n'importe quoi ! Qu'ils ne reviennent jamais ici ou je leur coupe la langue." »

Jacques Chirac décide alors d'arrêter de payer les intermédiaires qui auraient permis ce contrat. L'arrêt de ces supposées rétrocommissions illégales aura des conséquences quelques années après. Ce contentieux financier va être, selon le juge d'instruction Marc Trévidic,

« cruellement logique » dans son issue. C'est l'autre affaire dans l'affaire, celle du volet criminel de Karachi.

En 2019, Ziad Takieddine et Abdul Rahman al-Assir ont été condamnés à cinq ans de prison pour complicité et recel d'abus de biens sociaux. Le tribunal a jugé que Ziad Takieddine avait parfaitement conscience de participer à un système de rétrocommissions, lesquelles ont permis de renflouer les comptes de campagne du candidat Balladur. Il n'était pas présent à son procès. Il a disparu des radars. Si l'ancien Premier ministre a été relaxé en 2021 de tous les chefs d'accusation portés contre lui, son ancien ministre François Léotard a été condamné pour complicité d'abus de biens sociaux à deux ans de prison avec sursis et 100 000 euros d'amende. La Cour a estimé qu'il avait agi au mépris de l'intérêt général. Lui, clame encore aujourd'hui son innocence, s'estimant victime d'une injustice.

Vingt ans après Karachi, on ne sait toujours pas qui étaient les commanditaires et les exécutants de cet attentat.

*

Malgré les risques, les scandales et les désillusions, les décideurs français continuent de se rêver en partenaires privilégiés de la pétromonarchie.

« En ce moment, il y a une fenêtre d'opportunité que l'on regarde tous avec intérêt dans la relation économique entre la France et l'Arabie saoudite, se réjouit

François-Aïssa Touazi. Depuis quelques mois, on sent une volonté des Saoudiens de davantage travailler avec nous », m'assure l'ancien conseiller pour le Moyen-Orient et l'Afrique du Nord (MENA) au Quai d'Orsay, désormais responsable de l'équipe MENA au sein d'Ardian, une société d'investissement privé. « La visite de notre ministre Franck Riester en avril 2021 a été très prometteuse. Très très très prometteuse. Plusieurs axes de coopération majeurs ont été identifiés entre la France et l'Arabie saoudite dans les nouveaux secteurs de croissance : l'hydrogène – l'Arabie saoudite s'en rêve leader mondial –, les activités liées à la culture, aux loisirs, et tout ce qui touche au traitement des déchets de l'eau, à la santé. »

Lui, vante les mérites du royaume et prône que la Vision 2030 de MBS est une révolution sociétale pour les jeunes et les femmes, même s'il la juge « trop ambitieuse à court terme ». Il se rend régulièrement dans la monarchie islamiste, souvent aux frais du royaume : en mai 2018, en avril 2019, en juin 2021, en mai 2022. Soit sous la casquette de dirigeant du think tank CAPmena. Soit sous celle de vice-président du conseil d'entreprises France-Arabie saoudite du Medef International. Soit en tant que représentant de la société Ardian.

« Bien sûr que la communication de Vision 2030 autour de ces grands projets suscite fantasmes et convoitises, et attire tout le monde. L'Arabie saoudite est un pôle d'attraction aujourd'hui. Notre rôle est de permettre aux entreprises françaises de se positionner et d'apporter notre French touch. On va bientôt passer aux grands appels d'offres pour le projet Neom. Tous nos grands groupes sont sur les starting-blocks. De nombreuses entreprises se battent pour avoir leur part du gâteau. »

Il y croit. Notamment depuis l'arrivée de Joe Biden à Washington, synonyme, de nouveau, d'assombrissement des relations avec Riyad. Le nouveau président des États-Unis, à peine élu, promettait d'isoler MBS de la scène internationale, le qualifiant de « paria ». Il affirme alors ne vouloir dialoguer qu'avec le roi Salman. Selon François-Aïssa Touazi, les portes pourraient enfin s'ouvrir pour les Français. Il ambitionne même que « nos amis saoudiens investissent en France dans d'autres secteurs que l'hôtellerie ou l'immobilier. Dans la tech' notamment. Ils investissent énormément aux USA et en Europe. Pourquoi ne pas les amener à le faire dans notre pays ? », m'expose-t-il.

De quoi faire sourire Agnès Levallois. « Plusieurs grands patrons français disent "on va essayer de se placer si les USA ne sont plus là", ce qui paraît fou parce que de toute façon, les contrats resteront pour les USA. En réalité, très peu de choses se concrétisent au niveau commercial, poursuit la spécialiste. Cette relation privilégiée avec l'Arabie saoudite est davantage dans la tête des Français que dans la réalité.

— Pourquoi la France continue-t-elle de développer ces relations avec ce pays si, finalement, il n'y a pas de résultats ?

— Parce qu'il y a toujours le mirage de penser qu'un jour ça va marcher et qu'on va remporter le gros contrat du siècle avec l'Arabie. Il y a toujours le sentiment qu'un jour, tout ça va payer. »

Raison pour laquelle nos autorités se plient en quatre dès lors que la famille royale pose un pied sur notre territoire. Même quand elle fait fi de nos lois.

4. *Les passe-droits*

> « Pour moi, le débat, ce n'est pas l'Arabie saoudite. Ce serait la reine d'Angleterre, le dalaï-lama ou le pape, ce serait pareil. Je n'en veux pas à la famille royale saoudienne. Elle n'est pas obligée de connaître nos lois, elle peut s'en foutre si elle a l'habitude de ne pas demander d'autorisation et que tout se passe bien malgré ça. Pour moi, le vrai problème, c'est la réaction de l'État. Les lois doivent être les mêmes pour tout le monde. Quel message envoie la France aux citoyens ? On déroule le tapis rouge à une famille qui n'en demande même pas tant. »
>
> Jean-Noël FALCOU, membre d'Anticor

Juin 2021, Paris, aéroport Roissy Charles-de-Gaulle.

Un citoyen saoudien est contrôlé alors qu'il transporte 500 000 euros en cash. Des coupures de 50 livres, 50 euros, 100 euros sont retrouvées dans son bagage. Il effectue là une livraison de billets à un éminent membre de la famille royale en villégiature du côté de

Cannes. Problème : il n'a pas rempli auprès de l'administration des douanes une déclaration d'argent liquide : un Dalia. N'importe quel citoyen doit la valider sur Internet au minimum trente jours avant un voyage, ou au plus tard avant le franchissement de la frontière. Une obligation dès lors qu'une personne transporte un montant égal ou supérieur à 10 000 euros. Mise en place par le système français, la démarche a pour but de lutter contre le blanchiment de capitaux provenant de trafics illicites, notamment de stupéfiants.

À son arrivée à l'aéroport, le citoyen saoudien qui transporte ce demi-million d'euros assure pourtant n'avoir rien à annoncer.

Un cas clairement caractérisé de « manquement aux obligations déclaratives ». Un délit entraînant une lourde peine, notamment une amende pouvant aller jusqu'à 50 % de la somme sur laquelle a porté l'infraction et la retenue temporaire de l'argent liquide.

Mais ce transporteur en provenance de Djeddah n'a pas à s'inquiéter : le cabinet d'Olivier Dussopt, alors ministre chargé des Comptes publics, et le Quai d'Orsay sont avertis, explique *Le Monde*. Si le ministre Olivier Dussopt dément toute intervention dans le dossier, reste que le porteur de valise saoudien bénéficie, après quelques heures d'attente, d'une procédure de régularisation express. Lui et son accompagnateur peuvent s'envoler vers Nice, avec cette valise débordant de cash, et les excuses, en prime, d'un des responsables de l'aéroport parisien. Ils ont dû « manger leur chapeau sur ordre de leur hiérarchie, comme c'est souvent le cas avec les ressortissants des pays du Golfe », analyse une source de l'aéroport Roissy Charles-de-Gaulle auprès du quotidien *Le Monde*.

Entre-temps, les douaniers ont reçu des instructions de la part de leurs supérieurs, qui ont hérité de directives de la part des deux ministères. Ordre a été donné aux douaniers de rédiger eux-mêmes le Dalia au bénéfice des deux Saoudiens. « Régulariser a posteriori, qui plus est en exigeant des douaniers de le faire à la place des transporteurs, ça s'appelle un passe-droit officiel et une autorisation de blanchiment douanier », s'étrangle la responsable d'un service de douanes, interrogée par *Le Monde* sur la validité d'une telle procédure.

D'autant que l'histoire ne dit pas si le voyageur a pu prouver la provenance de cet argent. On sait seulement qu'il a pu se rendre sur la Côte d'Azur, là où les Saoudiens sont habitués aux traitements de faveur depuis l'arrivée de la famille royale en 1979.

*

Vallauris Golfe-Juan. Le soleil, la mer bleu azur, le chant des cigales.

Dans cette petite ville située à 7 kilomètres de Cannes, il y a une histoire ancienne avec la famille saoudienne. « Le roi d'Arabie saoudite dispose de plusieurs propriétés ici, dont le palais de l'Horizon qui a fait couler beaucoup d'encre à l'époque », m'explique Jean-Noël Falcou, ex-conseiller municipal écologiste de la commune. La cause ?

« Ce palais de l'Horizon, ou villa Aurore, est une propriété qui s'étend sur près d'un kilomètre côtier, construite sur l'eau. Quand le futur roi d'Arabie saoudite, le roi Fahd, l'a achetée en 1979, il l'a agrandie en mordant sur le littoral, en creusant les rochers. Tout avait été construit illégalement, sans aucun respect de la loi littorale qui était en vigueur », me raconte ce membre d'Anticor.

À l'époque, le sujet fait grand bruit : aucun promeneur ne peut se balader sous le palais de l'Horizon alors que la loi permet de pouvoir circuler librement sur le littoral. « Personne n'a le droit de fermer un accès à un littoral », rappelle celui qui est devenu la figure locale d'opposition aux agissements saoudiens. Quelle autorité devait alors réagir ? Le domaine public maritime, qui relève du domaine de l'État. C'est à lui que revient la responsabilité de faire respecter la loi. « Mais il n'a rien dit pendant des dizaines d'années », se désole le militant écologiste. Pire, « le président François Mitterrand a donné son accord quelques années après pour faire une régularisation de la situation, en invoquant des raisons d'État ».

Une décision qui, encore aujourd'hui, alimente les conversations des riverains. « J'ai toujours entendu les habitants dire "tout ça, c'est de la faute de Mitterrand". Il y a un fort ressentiment contre ce président et plus généralement contre l'État. Ce qu'il faut bien comprendre, c'est qu'à chaque fois qu'il y a des affaires comme celles-là, les habitants tombent dans le "tous pourris", commente Jean-Noël Falcou. Nous, on est concernés par la loi littorale. Sa mise en application a commencé à partir de 2015. Concrètement, ça signifiait la destruction de restaurants de plage, de bars et de paillottes construits sans autorisation. Ça a été un gros sujet ici. Et à chaque fois, ce qui revenait c'était : "Le roi d'Arabie saoudite peut mordre le littoral sur 1 kilomètre, on ne lui dit rien, mais nous, nos trois parasols, ça pose problème", explique l'ancien conseiller municipal. Ce type d'affaires laisse des traces préjudiciables dans les esprits. Ça ancre l'idée que les passe-droits sont légion, qu'ils sont profitables à certains. Certains habitants se disent : s'ils le font, pourquoi nous n'aurions pas le droit nous aussi ? De fait, on ne dit rien à l'Arabie saoudite. »

Au terme d'une bataille de près de trente ans, la circulation sur ce bout de littoral a été de nouveau possible pour les promeneurs. C'était vers 2008-2010, croit se souvenir l'ancien conseiller municipal. « Certains pensent que ça a été un enjeu de négociation dans l'affaire du château Robert. Ce qui, au vu des dates, est tout à fait concomitant. »

Le château Robert est le nom d'une autre propriété appartenant à la famille royale saoudienne à Vallauris Golfe-Juan. Il surplombe le palais de l'Horizon. En 2006, la commune autorise de nouvelles constructions dans le parc de 13 hectares. Il est pourtant situé dans une zone boisée classée, limitrophe d'un parc départemental, donc non constructible. Le traitement de faveur ne s'arrête pas là.

Jean-Noël Falcou m'apprend qu'en 2008, la ville a racheté 9 des 13 hectares de la propriété saoudienne pour 300 000 euros. Ce qui est « non seulement problématique au regard du droit de l'environnement, commente le membre d'Anticor, puisque 4 hectares d'espace boisé classé ont été rasés pour construire deux villas avec piscines, fontaines et bars extérieurs, mais c'est également contestable parce que des courriers échangés entre la famille royale et le maire UMP de l'époque, Alain Gumiel, un proche d'Éric Ciotti, ont été retrouvés ensuite. La famille royale proposait de donner les 9 hectares en échange de la constructibilité des terrains », m'informe Jean-Noël Falcou. Au lieu de les recevoir gratuitement, la ville a déboursé 300 000 euros « pour déconnecter les deux opérations ». Autant d'argent qui n'aurait pas dû être dépensé, et ce, d'autant plus que le domaine a été évalué au triple de ce prix. Il explique : « Ce n'est pas normal qu'il y ait eu entente au préalable, avant même les ventes. Les courriers du prince Mohammed ben Fahd Al Saoud, le propriétaire de ces deux villas de 1 000 mètres carrés, sont antérieurs aux opérations et au dépôt du permis de construire, accordé en 2008. Le maire n'a jamais nié l'existence de ces courriers. Il s'abrite plutôt derrière l'avis de la préfecture qui aurait avalisé toute l'opération. Sauf que cet avis de la préfecture était consultatif et n'avait pas de valeur juridique. »

« La municipalité de Vallauris et les services de l'État ont-ils facilité les projets du monarque ? », se demandait en 2015 Mediapart, rappelant que les faits correspondent à une époque où le ministre de l'Intérieur d'alors, Nicolas Sarkozy, avait mandaté le marchand d'armes Ziad Takieddine pour décrocher un important marché de surveillance des frontières du royaume : le contrat Miksa, pour Ministry Interior Kingdom Saudi Arabia. S'il s'est finalement soldé par un échec, il a longtemps été l'objet de tous les fantasmes. D'un montant de 7 milliards d'euros, il prévoyait la fourniture de 225 radars détectant toute intrusion par la terre, la mer, ou l'air, sur les 5 000 kilomètres de frontières qui séparent notamment l'Arabie saoudite de l'Irak et du Yémen. Mais aussi la vente d'un réseau de télécommunications, d'avions de reconnaissance, et d'une vingtaine d'hélicoptères. Cela fait plus de dix ans que le contrat traîne dans les tiroirs de la Ve République quand Nicolas Sarkozy essaie de le remettre sur la table. Plus précisément depuis 1994, année de la signature des contrats Sawari II et Agosta. Ziad Takieddine a assuré au juge Renaud van Ruymbeke, qui enquête à l'époque sur le volet financier de l'affaire Karachi, que le contrat Miksa avait été gelé à cause de Jacques Chirac et de son allié Dominique de Villepin, tour à tour ancien ministre des Affaires étrangères, ancien ministre de l'Intérieur et ancien Premier ministre sous le deuxième quinquennat Chirac. Les discussions ont repris en 2006 entre Ziad Takieddine et son principal interlocuteur, Nayef ben Abdelaziz Al-Saouf. Ce dernier n'est pas seulement le ministre saoudien de l'Intérieur. Il est aussi le beau-père de Mohammed ben Fahd Al Saoud, le propriétaire des nouvelles villas, et fils du roi Fahd.

En 2012, Jean-Noël Falcou porte plainte avec Anticor et l'Association de défense de l'environnement du golfe Juan Vallauris (ADEGV) pour déclassement illégal d'espaces boisés classés, trafic d'influence, détournement de fonds publics, corruption, recel, et toutes qualifications susceptibles de se rattacher au détournement de pouvoir. « Il faut bien comprendre que la corruption, ce n'est pas que de l'enrichissement personnel, tient à souligner le lanceur d'alerte. Un détournement de bien public, c'est une forme de corruption. Une entente occulte, c'est une forme de corruption. »

Après six ans d'enquête préliminaire, l'affaire a été classée sans suite. « Mais ça a eu le mérite de mobiliser et de réveiller les citoyens », retient-il.

Ce n'est pas le seul fait d'armes de la famille royale dans la région. « Les gens ne le savent pas parce que la résidence n'est pas enregistrée au nom des Saoud, indique Jean-Noël Falcou, mais ils possèdent d'autres propriétés sur la commune. »

Pour permettre la construction de ces villas, le prince Sultan ben Fahd ben Abdulaziz Al Saoud monte, en 2008, avec trois de ses sœurs, une société civile immobilière, la SCI Moj. Une SCI permet, entre autres, de bénéficier d'une fiscalité avantageuse, notamment en cas de succession. C'est une structure juridique constituée a minima de deux personnes, chacune ayant le statut d'associé, afin de gérer un ou plusieurs biens immobiliers. C'est à travers elle que les palais des frères et sœurs saoudiens vont sortir de terre dans le quartier huppé de la ville, Super-Cannes. Son gérant, Patrice Jouanneau, avocat à Bordeaux, prend à sa charge la gestion courante des biens immobiliers détenus par la société.

« En général, la venue de la famille royale n'engendre pas de nuisances aux riverains, indique Jean-Noël Falcou. Mais un grave accident a été évité de justesse en 2010 », alarme-t-il.

Alors que les ouvriers s'affairent à réaliser les travaux d'une des villas de la SCI Moj, un morceau de route des chemins de l'Aube et de la Rampe s'effondre. La colline menace de céder, on craint un éboulement. Plusieurs villas sont évacuées, la circulation du bas de Super-Cannes est interdite par la mairie.

Des fissures dans les maisons sous le chantier avaient alerté les riverains quelques semaines avant le début de l'effondrement. Auprès de *Nice Matin*, certains habitants s'agaçaient : « Il fallait s'y attendre. Ils donnent des permis de construire à tout-va et regardez le résultat ! Regardez la terre qu'ils ont enlevée pour cette construction. Ce n'est pas étonnant que cela bouge », maugrée un riverain dans l'édition du 10 décembre 2010 du quotidien varois. « Quand les travaux ont commencé, nous sommes nombreux à avoir été surpris de voir passer, sur nos chemins interdits aux plus de 10 tonnes, des camions de plus de 30 tonnes. Je suis allé à la police municipale pour raconter que ces véhicules détruisaient la route et creusaient de gros trous dans la chaussée.

On m'a répondu qu'il ne fallait pas s'inquiéter, qu'une dérogation avait été accordée par la mairie », pestait un autre.

À la suite de l'accident, la route est praticable seulement dans un sens pendant près d'un an pour les administrés. Les travaux provisoires pour rénover la chaussée commencent en septembre 2011, m'informe-t-on à la mairie, mais les travaux définitifs ne débutent qu'en 2013. Lorsque j'interroge la mairie pour savoir qui a payé les réparations, on me renvoie vers le tribunal judiciaire de Grasse. Une des sociétés françaises mandatées par la SCI Moj pour la construction des villas, la société Mauro, s'est vu condamner par la justice à réaliser les travaux pour remettre la route en état. La monarchie saoudienne n'a pas déboursé un centime.

*

Été 2015, à Vallauris, la famille royale est sous le feu des projecteurs. C'est « l'affaire de la plage », celle de « La Mirandole ». Ici, où l'on peut trouver du sable dans ce coin envahi par les galets, la famille royale a fait couler une dalle de béton de trois mètres sur quatre à même le sable, juste en dessous du mur d'enceinte de la villa Aurore. Une construction illégale qui privatise, de fait, l'accès à cette plage publique.

Le tout, dans l'idée de bâtir un ascenseur privé permettant à l'actuel roi saoudien, le roi Salman, de descendre directement de sa villa à la mer. Jean-Noël Falcou est prévenu. « J'ai immédiatement alerté la mairie et la direction départementale des territoires et de la mer (DDTM), le service de la préfecture qui s'occupe de tout ce qui concerne les constructions, et qui a fait arrêter les travaux. Personne n'était au courant ! », s'indigne-t-il encore aujourd'hui.

Personne ? Pas tout à fait. Une source proche du dossier assure que cette dalle en béton avait fait l'objet d'un véritable bras de fer entre deux ministères : celui de l'Environnement et celui des Affaires étrangères. Ségolène Royal et Laurent Fabius, me garantit cette source, « se sont livré une grosse bataille quant au cas saoudien. Le Quai d'Orsay a finalement eu gain de cause ». Laurent Fabius avait donné son aval pour la construction de la dalle sur la plage, mais n'en a pas informé la préfecture. « Ce qui a mis Philippe Castanet, le sous-préfet de Grasse, dans une mauvaise posture, explique Jean-Noël Falcou. Il a dû rétropédaler après avoir ordonné l'arrêt des travaux. »

Plus de cent mille personnes signent une pétition en ligne lancée par l'ancien élu d'opposition réclamant le maintien de l'accès du public à cette plage. Les autorités n'ont pas infléchi leur position pour autant. Un arrêté est rédigé dans l'urgence : il valide finalement l'interdiction d'accéder à la plage sur une période précise, et indique que la dalle servant à l'élaboration de l'ascenseur privé devra être détruite à la fin du séjour du roi. Les travaux, commencés sans autorisation, peuvent reprendre avec l'aval de l'État.

Le sous-préfet a un argument infaillible à quiconque viendrait contester cette décision : la sécurité du monarque. Au journal *Le Monde*, il affirme : « Il est impossible de faire coexister un chef d'État en exercice, qui plus est engagé sur des terrains de guerre, avec des riverains. La France a le devoir de protéger les chefs d'État des pays alliés qui la visitent. » Ce qui hérisse Jean-Noël Falcou, pour qui l'État a lui-même créé cette affaire en envoyant des directives contradictoires pour essayer de donner un cadre légal à ces travaux. « Si on nous avait dit "on limite l'accès à la plage le temps de la venue du roi pour des raisons de sécurité", on aurait tous compris. Moi le premier. Mais pas en agissant comme ça, pas en bétonnant le littoral, en outrepassant les lois avec l'accord de l'État, et en prétextant ensuite que c'est fait pour des raisons de sécurité. »

Du côté de la mairie, l'ancienne maire UDI, Michelle Salucki, affirmait avoir refusé de signer l'arrêté pour privatiser la plage comme la famille royale l'avait réclamé à la police municipale. « De toute façon, ce sont des négociations qui se tiennent au plus haut niveau, soufflait la maire de Vallauris Golfe-Juan à l'époque. Je persiste à penser qu'il s'agit d'une atteinte aux lois de la République. »

Quelques années auparavant, la famille royale avait dû faire machine arrière alors qu'elle voulait construire un port privé donnant directement sur la villa Aurore, afin d'y amarrer son yacht. « Cela n'avait pas été autorisé en raison de la protection de plantes aquatiques, commente Jean-Noël Falcou. Ils avaient alors raclé le fond de la baie à cet endroit précis et avaient dit : "Mais non, il n'y en a pas, regardez." Ça avait fait pas mal de remous. Du coup, ils n'avaient pas obtenu les autorisations pour la construction de ce port. » Ils ont dû se contenter d'un port privé permettant de débarquer les annexes du yacht. Des pontons flottants moins impactants pour l'environnement qui leur permettent tout de même de descendre directement par la mer.

Le sous-préfet, sous la pression de l'imbroglio estival de 2015, clôturait le débat en affirmant : « Je ne vais pas mettre en péril les relations franco-saoudiennes pour une histoire de dalle de béton ! »

Las, le roi Salman, mécontent de l'accueil qui lui a été réservé, écourte tout de même son séjour. Au lieu de rester un mois comme il l'avait prévu, il part huit jours après son arrivée. Direction Tanger, au Maroc, où il possède un autre palais. Venir passer ses vacances dans le sud de la France, ce qui n'avait pas été fait depuis des années, était un acte politique. De quoi dépiter nos autorités, qui s'étaient jusque-là réjouies des récents rapprochements avec l'Arabie saoudite.

*

La Côte d'Azur, à cette époque, n'est pas le seul endroit prisé de la famille royale saoudienne en France.

Depuis 2015, à 30 minutes de Paris, Louveciennes, banlieue chic et paisible des Yvelines, abrite « l'un des joujous » de MBS, selon un riverain. Une propriété située entre Versailles et Marly-le-Roi, que MBS s'est offerte pour 275 millions d'euros. Elle s'ajoute à une liste d'acquisitions récentes plus extravagantes les unes que les autres alors même que le jeune prince prêche l'austérité dans son pays pour réduire les déficits liés à la chute du prix du pétrole.

À Louveciennes, au chemin des Gressets, à quelques pas de la forêt domaniale de Marly, le bâtiment est l'attraction touristique pour les promeneurs du dimanche. À chacun sa technique pour essayer d'apercevoir un bout de la propriété la plus chère au monde : escalader l'un des arbres qui entourent les 23 hectares du domaine – dont les jardins se veulent une copie de ceux Le Nôtre, le jardinier de Louis XIV –, ou bien tendre son téléphone à bout de bras par-dessus le mur de pierres qui protège le lieu pour le prendre en photo, en y allant de son petit commentaire : « Franchement, je suis un peu déçu, souffle un jeune homme à sa copine. Pour la maison la plus chère du monde, je m'attendais à mieux. C'est pas si impressionnant au final. »

Pourtant, la demeure allie architecture du XVIIe siècle et technologie moderne, avec des fontaines en or contrôlables par iPhone, une salle de cinéma, une discothèque, plusieurs piscines, une cave à vin pouvant abriter 3 000 bouteilles, ou encore une chambre et un salon sous-marin dans lesquels un aquarium géant a été aménagé. Dans cette bulle de verre, on peut apparemment y contempler, paisiblement assis sur un canapé, un des esturgeons ou une des carpes du prince héritier. On dit aussi que « le château Louis XIV », son modeste nom officiel, disposerait d'une piste pour qu'un hélicoptère puisse s'y poser.

En faisant le tour du parc à pied, une petite heure montre en main, on finit par apercevoir, grâce aux arbres nus de janvier, ici une statue imposante du Roi-Soleil, là un kiosque privé, là-bas des maisons à colombages inspirés du hameau de la Reine au château de Versailles, construit pour Marie-Antoinette, et à l'autre bout de la propriété, à la frontière de La Celle-Saint-Cloud, une maison qu'on imagine être pour le personnel.

Mais le plus impressionnant est la surveillance du site : des centaines de doubles caméras de surveillance panoramiques, dotées de détecteurs de mouvements, dressées tous les 100 mètres, parfois moins.

« Quand j'étais petite, se souvient une promeneuse, il y avait des clapiers à lapins ici. Il n'y avait rien de tout cela, c'est assez récent », assure-t-elle devant l'une des énormes grilles en fer forgé, surmontées de fleurs de lys, qui encerclent le domaine. « Bon, viens, reste pas là, gronde son compagnon, mal à l'aise. Te mets pas juste en face de la caméra », réprimande-t-il. « Ah oui c'est vrai, on sait jamais », lâche la flâneuse en s'éloignant.

Des badauds ont, eux, trouvé la fissure dans un morceau de bâche pour tenter de voir ce qui se veut être une mini-réplique du château de Vaux-le-Vicomte. Enfin, les Louveciennois ne sont pas sûrs : « Non, c'est le château de

Versailles l'inspiration, assure un des promeneurs, aidé de sa canne, sûr aussi de son propriétaire. C'est un émir qui l'a acheté avec leurs pétrodollars et tout le machin », grince-t-il. « Mais non, lui répond son épouse, emmitouflée dans sa doudoune, c'est le beau-frère de l'émir du Qatar. – Oui bon, de toute façon, faut être complètement con pour faire un truc pareil. On lui a coupé la tête nous au roi, c'est pas pour qu'il revienne ici ! », râle le flâneur.

« Le propriétaire de la demeure ? répète une autre promeneuse. Ça appartenait à un Saoudien qui l'a fait construire, puis qui l'a revendu à un Libanais, qui lui l'aurait revendu à une SCI ou un truc comme ça… », sourit-elle.

Si les riverains sont divisés sur l'identité du propriétaire, c'est parce qu'au départ, elle a été cachée.

Ici, « les gens de Louveciennes n'aiment pas trop l'idée que le propriétaire soit MBS, explique un habitué du jardin familial de la ville, situé à quelques mètres de l'entrée principale de la propriété. Avec la réputation qu'il a, ils n'aiment pas le savoir là », développe-t-il, les mains dans la terre, accompagné de sa jeune fille. Lui, regrette « de ne pas pouvoir visiter l'intérieur, même juste le parc ».

D'autres ont eu cette chance.

Patrick Balkany, ancien maire de Levallois-Perret, a eu le privilège d'accompagner un ami, par curiosité. « C'était un machin pour prince arabe parfait, mais j'en ai vu d'autres, vantait-il au *Monde* en 2018. J'ai vu la résidence personnelle du roi d'Arabie saoudite et son aquarium avec deux énormes requins, où on avait déjeuné avec Nicolas Sarkozy. Avec eux, il ne faut s'étonner de rien », disait-il.

Les habitants ont-ils déjà aperçu MBS dans ce château qui promettait « les fastes de Versailles sous la révolution high-tech » ? « Tous les trois, quatre mois, tout le périmètre est sécurisé, avance le père de famille au jardin familial de Louveciennes. Il y a des patrouilles de mecs tout en noir, on dirait les Men in Black. Après, est-ce que c'est le prince lui-même ou des membres de sa famille ? » Il ajoute, « même les ouvriers qui travaillent sur le chantier n'ont pas le droit de raconter ce qu'il s'y passe ».

Interdiction, en effet, pour les ouvriers de Plendi, la marque luxe de Vinci qui assure le chantier, d'entrer sur le domaine avec un smartphone, peut-on lire sur une pancarte de l'une des entrées. « Site confidentiel, interdiction d'utiliser un appareil photographique », mentionne-t-il. Antoine Courtois, dirigeant de l'Atelier Mériguet-Carrère, l'atelier d'artisanat qui a réalisé les dorures du château, déclarait pour sa part à la presse ne pas pouvoir commenter les travaux, en raison d'un accord de confidentialité.

*

Tout ce qui entoure cette demeure est mystérieux et complexe, à commencer par la façon dont elle a pu être achetée par MBS à Emad Khashoggi. Le cousin de Jamal Khashoggi a fait sortir de terre le domaine en 2011, après avoir racheté le terrain via la SCI Château Louis XIV. Une autre SCI que celle de Vallauris. Selon les actes déposés au service de la publicité foncière, la SCI a déboursé à l'époque 5,5 millions d'euros pour acquérir le terrain. La société civile immobilière a ensuite été vendue à une société saoudienne : Eight Investment Company, dont le patron est Bader al-Asaker, le gérant de la Fondation Misk et le chef de cabinet de MBS.

Les fonds ont été apportés à la SCI par une autre société, Fifty Five Investment Company. L'identité réelle du nouveau propriétaire, MBS, a été soigneusement dissimulée derrière des sociétés-écrans enregistrées en France et au Luxembourg appartenant également à Eight Investment Company.

Le *New York Times* a finalement démasqué le prince héritier, et a révélé que plusieurs sociétés françaises détenaient l'autre SCI, Château Louis XIV, qui était gérée par une firme luxembourgeoise, Prestigestate SARL, – anciennement nommée Francestate SARL –, elle-même maison mère de SCI Château Louis XIV, contrôlée à son tour par Eight Investment Company, propriété des membres de la famille royale saoudienne. Le montage associant ces sociétés françaises, luxembourgeoise et saoudienne, a permis d'opacifier la transition. D'ailleurs, pour encore plus de discrétion, la SCI a été rebaptisée « SCI Arbre Prestige » en 2017. En souhaitant cacher l'identité du propriétaire, il s'agissait de cacher aussi la provenance des fonds. Alors que MBS a lancé une vaste campagne d'éradication de la corruption et de l'enrichissement personnel au sein de son royaume, les autorités françaises n'ont pas cherché à connaître l'origine des fonds ayant permis l'achat du château.

Le montage financier a aussi permis au prince héritier de faire quelques économies. Il a été dispensé des droits de mutation pour l'achat. Les droits de mutation sont, en quelque sorte, un impôt auquel les ventes de biens immobiliers sont soumises. Ils sont dus par l'acquéreur au moment de la signature de la vente et du paiement de la vente chez le notaire. Lors de l'achat, ils représentent 4,5 % du montant de l'investissement pour la taxe départementale et la taxe communale, soit 1,20 % de la valeur du bien. Ce qu'il faut retenir, c'est que 2,7 % du prix d'achat devaient être reversés à l'État, soit, dans le cas présent, environ 6,5 millions d'euros. L'État est chargé ensuite de reverser une partie au département, qui le reverse à la commune. Mais pas quand il s'agit de MBS.

Un manque à gagner pour l'État et la commune. Mais le maire de Louveciennes de l'époque, Pierre-François Viard (LR), se disait ravi « de recevoir MBS et de faire sa connaissance ». Il n'a pas été mis au courant de cette transaction, mais il expliquait au *Monde* « que le domaine n'est pas en zone préemptable, donc la déclaration d'aliéner n'est pas obligatoire ».

Un son de cloche partagé par Josette Jean, maire Ensemble pour les Yvelines (EPY) de Condé-sur-Vesgre, une petite commune de 1 200 habitants située elle aussi dans les Yvelines, à une heure de route de Louveciennes. Là-bas, en avril 2016, MBS, à travers une autre SCI, la SCI Chasse, a acheté une autre propriété : le domaine du Rouvray. Quand je demande à Josette Jean si la commune a pu bénéficier économiquement de la venue des Saoudiens, elle me rétorque :

« Comment voulez-vous qu'on sache ? Sur des montants pareils, on n'a même pas de droit de préemption. Ces affaires-là, elles passent par je ne sais quel ministère, pas par les petites mairies. J'ai découvert la vente du domaine après tout le monde. Je n'ai pas été consultée au départ.

— Est-ce que ça ne devrait pas pourtant être le cas ?

— Que voulez-vous que je vous dise… L'accord a été donné par le préfet avant d'être donné par le maire de la commune. Ça ne se fait pas comme ça habituellement. Sauf sur certaines grosses propriétés qui sont des transactions internationales. C'est la préfecture qui a signé le permis de construire, moi je n'avais pas le détail de l'acheteur sur le document, vous vous doutez bien… Il m'a été présenté pour signature de cette façon.

— C'était un gros montant, la vente de ce domaine. Vous avez dû voir le montant de ces droits de mutation augmenter ?

— Non, il n'a pas changé. S'il avait été si important que ça, que j'étais passée de 30 000 à 60 000 euros par exemple, je me serais dit "Oh là là, il y a eu une belle surprise !" Ça n'a pas été le cas. »

Elle non plus n'a jamais rencontré le prince héritier – il ne serait venu qu'une fois dans sa propriété en six ans –, mais le recevrait « volontiers », me dit-elle. Aux dernières nouvelles, cette résidence de 250 hectares située à une heure de Paris, en pleine forêt de Rambouillet, si réputée pour ses chasses, serait toujours en travaux.

5. *L'esclavage moderne*

> « À travers ma voix, je veux que soient entendus les gens qui sont morts, ceux qui ont crevé de faim en Arabie saoudite, qui ont subi les conséquences de la politique d'Hariri.
>
> C'est un travail de mémoire que nous avons de nous souvenir de ceux qui ne peuvent pas se défendre. Étant français et bénéficiant d'une protection sociale, je me dois de continuer ce combat pour eux. Même s'il est perdu d'avance. »
>
> Vincent Lesage,
> ancien cadre de Saudi Oger

Printemps 2021, en plein cœur de Paris, tout près du très branché quartier du canal Saint-Martin.

Dans une salle d'audience de la 3e chambre des prud'hommes, restreinte à un public limité en raison des mesures en vigueur dues à la pandémie de Covid 19, se tient un procès qui laisse la greffière perplexe.

« Euh… c'est la société ambassade d'Arabie saoudite ? demande-t-elle.

— Non, non. L'ambassade elle-même, rétorque l'avocate du plaignant, Me Caroline Wassermann. Le royaume d'Arabie saoudite, si vous préférez. »

Un ancien salarié de l'ambassade d'Arabie saoudite en France, jeune retraité, poursuit son employeur pour le non-versement d'indemnités de départ en retraite, prévues par le Code du travail français. Il se tient debout aujourd'hui devant les prud'hommes également pour non-paiement des charges sociales, Caisse de retraite en tête, ce qui lui cause un manque à gagner de plus de 500 euros par mois, sans compter 50 000 euros d'indemnités de départ non réglées.

Pendant des années, l'ambassade d'Arabie saoudite à Paris n'a versé aucune des cotisations sociales, pourtant obligatoires, aux organismes français et à cet homme de plus de 75 ans aujourd'hui, qui ne tient pas à s'exprimer et souhaite que son nom n'apparaisse pas par peur de représailles.

Chaque mois, selon la législation française, chaque entreprise est pourtant tenue de régler à l'État une somme prélevée sur le salaire d'un de ses employés, afin de les reverser aux organismes tels que la Sécurité sociale, Pôle emploi, ou la Caisse nationale des retraites. C'est le fondement du système français. Il permet à n'importe quel salarié de pouvoir disposer ainsi d'un arrêt maladie en conservant une grande partie de son salaire, ou de bénéficier d'indemnités dans le cas où il serait à la recherche d'un emploi. C'est aussi ce qui permet aux personnes retraitées de pouvoir recevoir, chaque mois, une somme à peu près équivalente au nombre d'années travaillées. Seulement à condition que l'entreprise pour laquelle elle a officié ait toujours réglé ce qu'elle devait à l'État, donc au contribuable français. Ce qui n'a pas été le cas de l'ambassade d'Arabie saoudite à Paris.

Deux ans que la défense tâche d'obtenir son dû au salarié lésé. Deux ans que les courriers, emails et autres recommandés sont restés lettre morte. Dans les couloirs du tribunal, au 4e étage, en attendant l'audience, l'avocate de l'accusé est elle-même gênée pour la famille de l'ex-employé. Me Claire Machureau n'a pas non plus, jusque-là, obtenu de réponse de la part de son client. Jusqu'à ce jour de procès. Par téléphone, elle échange avec des responsables de l'ambassade pour tâcher de trouver une conciliation. Elle aussi se désole auprès de l'ancien salarié « qu'ils n'aient pas payé », confie-t-elle avant d'entrer dans la salle d'audience. L'Arabie saoudite propose quelques dizaines de milliers d'euros de dommages et intérêts à son ancien salarié pour clore le dossier à l'amiable. Les négociations se poursuivent jusqu'à la dernière minute. « J'ai soumis cette somme, dit l'avocate, ils ne veulent pas. Ils proposent 3 000 euros de moins. » L'ancien salarié finit par accepter le montant sur lequel un accord est finalement trouvé.

Ce citoyen français n'est pas un cas isolé. Plusieurs de ses anciens collègues ont eux aussi lancé une procédure à l'encontre de leur ancien employeur pour les mêmes raisons.

Pendant treize ans, de 1990 à 2003, l'ambassade d'Arabie saoudite a cessé de payer du jour au lendemain les cotisations sociales d'une vingtaine de ses employés, soit l'ensemble de son personnel français. Autant d'années où la monarchie islamique n'a versé aucune cotisation retraite, chômage, indemnités de congé maladie. « On se débrouillait comme on pouvait, confie Marcel, un salarié de l'ambassade, qui, pourtant syndiqué, tient lui aussi à conserver l'anonymat. On avait juste une attestation où l'ambassade certifiait qu'on percevait un salaire », souffle-t-il.

Conséquence : la majorité des salariés travaillent encore à l'ambassade aujourd'hui pour percevoir un salaire décent alors qu'ils ont largement dépassé l'âge légal de départ en retraite.

« Certains ont 74 ans et travaillent encore à l'ambassade, témoigne Marcel. Vous vous rendez compte ? Des collègues de plus de 70 sont dans des situations critiques, ils ont du mal à se déplacer. L'un d'eux, 71 ans, est diabétique. Il n'arrive même pas à marcher et à se déplacer de 10 mètres sans se tenir au mur. Ils ne veulent pas partir sans que leur situation ne soit régularisée ou qu'un arrangement ait été trouvé. Ils attendent. L'ambassade les laisse comme ça, elle attend qu'ils partent de leur plein gré avec leurs conditions à eux ou pas de conditions du tout, ou bien qu'ils décèdent. C'est comme ça… »

Ils sont une quinzaine dans cette situation, comme retenus en otage. Et ce, malgré un arrangement trouvé entre « l'ambassade et l'Urssaf, assure Marcel, en poste depuis les années 1980. On n'en connaît pas les contours, on n'a rien su du contenu. On nous tenait à l'écart de ça, rouspète-t-il encore aujourd'hui. Je sais juste que pour les années 2002-2003 et 2003-2004, elle nous a fait des fiches de paie annuelles, mais qui ne correspondent même pas à nos salaires. L'Urssaf a accepté ça, ça ne lui a pas posé de problèmes ».

Tant pis si ces treize années de non-respect du droit français causent toujours du tort aux salariés de l'ambassade, dont la majorité y travaillent depuis quarante ans. « Le trou n'a toujours pas été comblé, explique le syndicaliste. Si la situation était normale, avec une affiliation à la Sécurité sociale pour toute ma carrière et le paiement des cotisations, je devrais obtenir une indemnité de départ d'environ 70 000 euros. C'est la législation française. » Il estime à environ 100 000 euros le montant total manquant sur ses trimestres. « Aujourd'hui, quand je fais une simulation pour mes points retraite, j'arrive à environ 500 euros par mois, alors que je gagne actuellement 2 900 euros net ! » Lui aussi s'est vu proposer par l'ambassade quelques dizaines de milliers d'euros en guise de conciliation « pour oublier le trou des treize ans et mes indemnités de départ. Forcément ils seraient gagnants. J'ai refusé ! dit le salarié. Je ne veux pas d'un tel accord. Je leur ai dit : "Payez mes trimestres ! Respectez la législation française !" ».

C'est l'une des missions de l'Urssaf : lutter contre l'évasion sociale. Sur le site internet de l'organisme public, la fraude au prélèvement social est présentée comme leur cheval de bataille. « La lutte contre le travail dissimulé est essentielle à la cohésion sociale, peut-on lire. Elle permet de préserver les droits sociaux des salariés, de garantir que tout travail permet aux salariés de se constituer des droits à la retraite, au chômage, des indemnités de congé maladie dans le but de garantir le financement du système de protection sociale. »

Dans ce cadre-là, le travail dissimulé est défini comme une dissimulation d'activité ou une dissimulation d'emploi salarié. Concrètement, cela se traduit pour un employeur par le fait de ne pas déclarer préalablement à l'embauche, de ne pas délivrer de bulletin de salaire et de ne pas mentionner sur ce dernier le réel nombre d'heures de travail accompli. Emmanuel Dellacherie, directeur de la réglementation, du recouvrement et du contrôle au sein de l'organisme, écrit lui-même noir sur blanc que « le travail dissimulé fragilise les fondements de notre économie et de notre modèle social ».

L'Urssaf a pour mission de pratiquer des contrôles pour éviter de tels délits. Elle peut même engager des poursuites judiciaires, en envoyant « les infractions constatées au moyen de PV transmis au procureur de la République », stipule le site internet. Or, m'explique le salarié syndiqué, « il y a plusieurs années, on a discuté avec un représentant de l'Urssaf. Il nous a dit : "Tant qu'ils ne paient pas les cotisations, vous ne pouvez pas prétendre à quoi que ce soit." Il nous a répondu seulement ça. Ce qui concernait nos droits, ça ne l'intéressait pas du tout ».

J'ai d'abord contacté la Caisse nationale d'assurance vieillesse (Cnav). Après m'avoir confirmé avoir connaissance de telles pratiques de la part de l'ambassade, elle m'a expliqué ne plus avoir aucune trace du dossier – ce dernier ayant été repris par l'Urssaf de Paris. Elle m'a conseillé de m'en rapprocher. J'ai donc contacté l'Urssaf pour savoir ce que l'organisme avait convenu avec l'ambassade afin de régulariser la situation. J'ai obtenu pour seule réponse ce mail : « Nous avons bien reçu votre demande. Le principe de confidentialité auquel nous sommes tenus ne nous autorise pas à communiquer. » J'ai insisté. J'ai signalé qu'il ne s'agissait pas d'un dossier comme les autres, qu'il était nécessaire que l'État, à travers l'Urssaf, explique comment avait été résolue l'affaire et comment le manque à gagner pour ces salariés, mais aussi pour l'État français, avait été soldé. Je n'ai eu aucun retour.

« Le comportement de ce royaume est intolérable, s'insurge Me Caroline Wassermann. La France aurait dû taper du poing sur la table, imposer aux Saoudiens de payer. Mais non, elle se tait et déroule le tapis rouge à ces gens alors qu'ils ne nous respectent pas », déplore l'avocate d'un ancien salarié de l'ambassade.

« L'administration française, excusez-moi du terme, s'en fout royalement, regrette Marcel. Après qu'on l'en ait informée, elle a envoyé des circulaires, des PV à l'ambassade en leur disant qu'il fallait payer les cotisations, mais en réalité, ça n'a eu aucune conséquence. »

Les différents procès passés ou en cours ont-ils, eux, eu un effet sur les pratiques saoudiennes ? Visiblement pas. « Encore aujourd'hui, personne n'a de mutuelle à l'ambassade alors que c'est pourtant obligatoire pour les entreprises, rappelle l'agent administratif de l'ambassade. Et les autres acquis sociaux, on ne les a pas non plus. Maintenant, ils sont très prudents ici, ils n'embauchent plus personne. Riyad ne comprend pas que des salariés non-saoudiens lui coûtent si cher alors que là-bas, un étranger est payé 1 000 à 2 000 riyals, l'équivalent de 250 à 500 euros. »

Une bonne partie des anciens salariés a finalement accepté l'arrangement à l'amiable avec l'ambassade. En échange, ils ont tous été contraints de signer une clause de confidentialité leur interdisant d'évoquer le dossier.

Rien d'étonnant pour Marcel qui croit savoir que l'autre raison qui pousse ses collègues à ne pas témoigner et à ne pas réclamer leur dû est qu'ils sont « tenus par le silence à cause de la religion. L'Arabie saoudite est le gardien des Lieux saints. Ils ne veulent pas donner une mauvaise image du royaume même s'ils sont lésés, avance le salarié, qui poursuit : L'islam, ça colle à la peau, ça rentre dans le sang. À force de travailler au sein de l'ambassade, beaucoup de mes collègues français ont adhéré à l'islam wahhabite. L'un d'entre eux a commencé à faire la prière cinq fois par jour alors que, quand je l'ai rencontré à son arrivée, il ne priait pas et buvait de l'alcool ». Il l'assure, avec le temps, les collègues ont commencé à se radicaliser. « Ils ont plongé progressivement dans le wahhabisme, regrette-t-il, avant de rebondir : Moi, en tout cas, je ne vais pas leur faire de cadeaux. Je veux recouvrer mes droits. Ils le savent à l'ambassade : dès que je pars en retraite, si rien n'est fait, je vais directement voir les prud'hommes. »

C'est ce qu'a fait Ali, ancien chauffeur pour l'ambassade à Paris. Il avait été mis à la porte pour inaptitude après un accident de travail qui n'avait pas été déclaré. Un médecin du travail l'avait jugé inapte pour cet emploi, donnant l'espoir à Ali d'obtenir un reclassement à un autre poste. Il n'en a rien été. Il a été licencié et il a dû renoncer en prime à ses heures supplémentaires non réglées.

Ali travaillait officiellement à l'ambassade depuis 2012, année où il a obtenu un contrat de travail en bonne et due forme, mais il y était employé en réalité depuis 2010.

Face au manque de respect du droit du travail français de la part du royaume saoudien, il s'est soulevé, est allé aux prud'hommes, et a gagné. En 2018, il a fait condamner l'ambassade pour licenciement abusif et travail dissimulé. Une méthode qui n'est pas nouvelle. En 1997, c'est une ancienne enseignante de l'École saoudienne à Paris qui portait plainte contre le royaume pour licenciement abusif et non-affiliation aux organismes sociaux français.

Créée en 1993 par l'ambassade d'Arabie saoudite, l'École saoudienne était en quelque sorte l'équivalent saoudien de nos Alliances françaises et écoles françaises à l'étranger. Jusqu'en 2019, année de sa fermeture à Paris, elle a été gérée et financée par le royaume saoudien. Elle a refusé de verser à cette ancienne enseignante le congé maternité, les cotisations sociales et l'arrêt maladie auxquels elle avait pourtant droit au regard de la législation française.

Face à son recours en justice, l'ambassade a contre-attaqué en faisant valoir le principe de l'immunité de juridiction des États étrangers aux motifs notamment que le programme scolaire et le calendrier annuel en vigueur au sein de l'École saoudienne étaient les mêmes que ceux appliqués à Riyad, et que le contrat de travail de la salariée contenait des clauses qui n'étaient pas celles du droit commun français.

Un refrain également utilisé auprès des salariés de l'ambassade. « Les Saoudiens nous ont dit, il y a de cela des années, qu'il s'agissait d'un territoire saoudien et qu'ils avaient le droit de faire ce qu'ils voulaient », explique Marcel.

Après des années de procédure, l'ambassade a finalement été condamnée en 2003 et l'affaire a fait jurisprudence. Dans cette histoire, l'ancienne enseignante n'est pas un cas isolé. Une vingtaine de ses anciens collègues de l'École saoudienne de Paris ont connu le même sort. Là aussi « il y a eu des arrangements, affirme le syndicaliste de l'ambassade, mais il en reste quelques-uns, costauds, qui sont encore devant les prud'hommes ».

L'ambassade se serait aussi comportée de la sorte avec des entreprises privées, telle que Geos, spécialiste de la sécurité. L'agence, qui assure notamment des prestations de gardiennage, n'aurait pas été payée pendant un an par l'ambassade. Des factures non réglées qui se seraient élevées à environ un million d'euros. La société se serait tournée vers le Quai d'Orsay pour obtenir de la part de nos dirigeants qu'ils fassent pression sur le royaume wahhabite. La réponse du ministère des Affaires étrangères aurait été la suivante : s'agissant d'un différend commercial entre deux entités, il appartient aux tribunaux français de se charger de l'affaire.

Les rares entreprises privées françaises rachetées par des compagnies saoudiennes, comme la société française Petitjean – spécialisée dans la conception et la livraison d'éclairage public –, ont elles aussi du mal à appliquer les normes en vigueur. Petitjean a ainsi été condamnée pour licenciement abusif et non-paiement des indemnités de départ de 50 ex-salariés.

Le royaume n'est pas en reste quand il s'agit de réaliser quelques économies. Mathilde, la consultante qui avait la charge de redorer l'image de la pétromonarchie auprès du public français après les attentats du 11 Septembre, n'a jamais cotisé, elle non plus, auprès des organismes français, tout au long de ces années où elle a travaillé pour l'Arabie saoudite.

« Quand j'étais payée par les Saoudiens, eux me considéraient un peu comme une salariée, ce que je n'étais pas en réalité.

— Pourquoi ?

— Parce que vous ne pouviez pas être salariée d'un organisme étranger s'ils ne payaient pas les charges sociales. Donc moi je les payais à leur place.

— C'est-à-dire ?

— J'ai créé une société au moment où je suis rentrée en France pour travailler avec les Saoudiens. Je leur faisais des honoraires. C'était ça en fait mon salaire. Ils me versaient des honoraires qui tombaient sur ma société, qui elle, payait le reste.

— Pourquoi ne payaient-ils pas les charges ?

— Eh bien, parce qu'ils ne pouvaient pas. C'est très compliqué pour un organisme étranger ou n'importe quelle boîte d'aller voir l'Urssaf et de les payer. J'étais la seule Française à l'époque à travailler pour un organisme saoudien. Il aurait fallu que je reste chez eux à Riyad, mais comme j'étais rentrée en France, il n'était pas question que je reçoive de l'argent de l'étranger sans le déclarer. Moi je voulais être nickel par rapport aux impôts, etc. Alors après, quand on a travaillé aussi longtemps pour l'Arabie, on n'a pas cotisé… Je n'ai pas de retraite, je vais certainement travailler jusqu'à la fin de mes jours. »

*

Plus glaçant encore, la façon dont le royaume saoudien s'est retrouvé complice d'esclavage moderne sur le territoire français.

L'ambassade d'Arabie saoudite a permis à un de ses salariés d'avoir à sa disposition, 24 heures sur 24, deux employées à qui ont été confisqués les passeports et le droit de se déplacer librement. La monarchie wahhabite a fait venir en France deux Philippines à qui il avait été proposé des emplois de femme de ménage au sein de l'ambassade saoudienne, à Paris. En 2009, l'une d'elles, Jainab, se voit offrir un contrat de travail de deux ans. 35 heures par semaine pour 900 euros par mois, mais la chance de pouvoir goûter à la vie parisienne au sein des plus beaux quartiers de la capitale. De quoi laisser rêveuse. Jainab accepte. Le royaume saoudien fait alors le nécessaire pour lui faciliter l'arrivée en France. Le contrat de travail est rédigé, il contacte les autorités françaises pour qu'elles délivrent une carte diplomatique à la jeune femme alors âgée de 39 ans. Grâce à cela, elle peut s'envoler pour Paris. La magie peut commencer.

Sauf qu'à son arrivée, ce n'est pas en tant que femme de ménage à l'ambassade d'Arabie saoudite qu'elle travaille. Elle n'y met d'ailleurs jamais les pieds. Elle s'occupe certes de ménages, mais rue de Javel, au domicile d'un salarié de l'ambassade, M. al-Khudair. Elle assure les tâches domestiques du foyer, en plus de gérer ses six filles, dont l'une atteinte de lourdes maladies. Les 900 euros promis, elle peut faire une croix dessus. Elle travaille tous les jours, gère les repas, la vaisselle, le nettoyage, les lessives, le repassage, sans être déclarée. Jainab dort à même le sol, aux pieds de l'enfant handicapée, et ce, quand les époux al-Khudair daignent l'autoriser à s'endormir.

Elle n'a pas de congés payés, pas de fiches de paie, pas de cotisations sociales. Le tout pour 250 euros en espèces, quand elle est rémunérée, jusqu'à ce qu'elle ne le soit plus du tout pendant cinq mois après avoir osé manifester son intention de retourner aux Philippines. Elle aurait de toute façon eu du mal à quitter le territoire sans leur autorisation. Son passeport et tous ses papiers lui ont été confisqués dès l'instant où elle a foulé le sol français. Elle n'a en sa possession que le faux contrat établi par l'ambassade d'Arabie saoudite. Ce qui la sauve, c'est peut-être la venue de sa cousine, qui devait la remplacer pour être elle aussi exploitée de la même façon par la famille du salarié saoudien de l'ambassade.

En 2012, Jainab et sa cousine parviennent à s'échapper et portent plainte, notamment pour traite d'êtres humains. Une plainte rapidement classée sans suite. La raison ? Ses « co-employeurs », l'ambassade d'Arabie saoudite et les al-Khudair, sont protégés par l'immunité diplomatique. « Or, il n'avait pas un poste qui nécessitait qu'on lui donne cette immunité, s'étrangle Me Anick Fougeroux, avocate des deux cousines philippines. Ce n'est pas un diplomate, c'était une petite main au service culturel de l'ambassade. Mais, explique l'avocate désormais présidente de l'association SOS Esclaves qu'elle a créée en 2007, on la lui a donnée pour qu'il soit en France et qu'il puisse faire soigner sa fille aînée atteinte de graves maladies orphelines, dont l'autisme. L'ambassadeur lui a conféré l'immunité ainsi qu'à son épouse et ses enfants pour pouvoir aller dans les hôpitaux de Paris faire soigner sa fille. »

Des faits reconnus par le royaume saoudien qui, en janvier 2013, attestait que le ministère de tutelle de l'ambassade avait accordé à l'époux al-Khudair le droit de rester en poste en France à titre exceptionnel en raison des maladies génétiques de sa fille qui ne pouvaient pas être soignées en Arabie saoudite. « Monsieur l'ambassadeur a pris la décision en toute connaissance de cause de lui permettre de bénéficier de deux employées de service, afin que ses enfants puissent avoir les meilleurs soins, entièrement pris en charge par l'État saoudien », assure l'avocate des Philippines maltraitées.

Entièrement pris en charge par l'État saoudien ? En 2015, l'ambassade d'Arabie saoudite devait 4,17 milliards d'euros à l'État français pour le non-paiement d'actes médicaux. La créance correspondait aux dettes laissées par l'ambassade auprès de l'Assistance publique-Hôpitaux de Paris (AP-HP). Pour éviter les ardoises impayées, l'AP-HP a depuis changé de politique en exigeant un paiement à l'avance des soins pouvant être programmés pour tout patient étranger ne résidant pas en France. Elle n'accorde plus de dérogation pour les patients saoudiens bénéficiant de soins planifiés à l'avance. Au 30 juin 2018, la dette du royaume ne s'élevait plus qu'à 1,62 milliard d'euros.

Après les prud'hommes, la cour d'appel de Paris condamne finalement le mari al-Khudair à dédommager les deux salariées pour un travail réalisé 24 heures sur 24. « Une première », souligne Anick Fougeroux. Pour autant, ce n'est pas pour elle une victoire. « Pourquoi a-t-on perdu en ayant l'air d'avoir gagné ? m'expose-t-elle. Car il n'était pas possible de faire condamner les al-Khudair plus qu'ils ne l'ont été. Si vous faites l'addition, ils doivent payer autour de 300 000 euros à Jainab. Sauf que la famille a disparu, se lamente la présidente de SOS Esclaves, et n'est de toute façon pas solvable. On a demandé à l'ambassade de nous dire où était la famille, quelle était leur nouvelle adresse, ils nous ont répondu de nous tourner vers l'avocat de M. al-Khudair. » Non seulement le royaume saoudien n'a eu aucunement l'intention d'aider les anciennes salariées philippines et leur avocate, mais il a au contraire, assurent les deux femmes au cours de l'audience devant la cour d'appel de Paris, « aidé les époux à disparaître pour se soustraire à l'exécution d'une décision de justice ». Est-ce la réalité ? Quel fut réellement le rôle du royaume saoudien ? L'ambassadeur d'Arabie saoudite à Paris, Fahad al-Ruwaily, n'a pas retourné mes demandes d'entretien et de droit de réponse.

Ce qu'Anick Fougeroux souhaite aujourd'hui, c'est que la Cour de cassation – où l'affaire est désormais portée – « condamne solidairement le royaume d'Arabie saoudite. Parce que c'est lui qui avait établi le contrat de travail ». Une mise hors de cause de l'ambassade qui provoque l'ire de la présidente de SOS Esclaves. « L'Arabie saoudite a fait toutes les démarches pour que les deux employées arrivent en France, rappelle-t-elle. Les frontières se sont ouvertes pour elles parce que c'est l'ambassade d'Arabie saoudite qui a prétendu faire venir du personnel pour travailler au sein de cette ambassade. C'est une supercherie organisée par le royaume pour faire en sorte qu'al-Khudair ait deux salariées à sa disposition ! vocifère-t-elle. Or, la cour d'appel a affirmé qu'il n'y avait pas lieu de condamner solidairement l'ambassade parce que le contrat avait certes bien été signé mais jamais exécuté à son profit. C'est ubuesque. Ce dossier est un scandale ! »

Et ce n'est pas le seul.

Une artiste saoudienne, Shalimar Sharbatly, petite protégée de la famille royale, a été condamnée en juillet 2020 par le tribunal judiciaire de Paris pour traite d'êtres humains, travail dissimulé, emploi d'étrangers sans autorisation de travail. Interrogée par la justice, elle a fait mine de ne pas connaître les lois françaises, arguant que les usages saoudiens font prévaloir la *kafala*, le système faisant d'un employeur une sorte de garant ou de tuteur pour des travailleurs étrangers, à qui le passeport de ses employés doit être remis. Elle a écopé de trois ans de prison ferme. Elle était à cette époque représentée par l'avocat Elie Hatem, un militant d'extrême droite proche d'Alain Soral et du clan Le Pen. Mais aussi de la famille Al Saoud. Il fut l'invité de l'actuel roi Salman lors d'un voyage familial à Cannes. Ce n'était pas une première. Il avait pour coutume de rencontrer souvent des membres de la famille royale saoudienne grâce à son action auprès de groupes politiques pro-monarchistes.

Shalimar Sharbatly a fait appel de cette décision sans remettre les pieds dans la capitale parisienne. Un mandat d'arrêt a été émis contre elle car, entre-temps, elle a quitté le pays en profitant d'un allègement de son contrôle judiciaire.

Son procès s'est tenu en février 2022. L'Urssaf a évalué les salaires nets qu'elle a dissimulés pendant six ans, jusqu'en 2019, à la somme de 747 373 euros, soit 619 219 euros de cotisations sociales et contributions sociales non payées. Pour récupérer le manque à gagner, la justice a confisqué les parts sociales de l'artiste dans la SCI propriétaire de l'appartement parisien où elle vivait.

Un prince de la famille royale doit lui aussi rendre des comptes à la justice française. En 2019, Fayçal ben Turki ben Abdullah Al Saoud est visé par une enquête par le parquet de Nanterre pour traite d'êtres humains. Sept travailleuses domestiques portent plainte pour des agissements similaires à ceux décrits par Jainab. Entièrement à la disposition du prince, elles disent manger sur le pouce entre deux appels d'un membre de la famille, dormir à même le sol, se faire crier dessus à longueur de journée. Bref, elles affirment être traitées comme du bétail. Dès l'âge de 4 ans, un enfant du prince a le droit de leur cracher au visage. Par ailleurs, « il fallait demander la permission pour sortir, même pour prendre l'air », rapporte une des anciennes domestiques à *L'Humanité*. Leurs passeports sont aussi saisis, elles sont payées 400 euros par mois, en liquide, sans fiche de paie, et n'ont aucune couverture sociale. Les faits remontent à 2008, 2013 et 2015. Ils se seraient déroulés dans un hôtel particulier à Neuilly-sur-Seine, où le prince séjournait chaque année de juin à octobre.

Le procès doit s'ouvrir dans les mois à venir. Le prince a lui aussi, depuis, quitté le territoire.

La propre sœur de MBS, la princesse Hassa bint Salman, fille unique du roi Salman, a quant à elle été condamnée en septembre 2019 en France à dix mois de prison avec sursis et 10 000 euros d'amende pour des violences infligées à un artisan plombier. Les faits remontent à 2016. Elle aurait ordonné à l'un de ses gardes du corps de violenter et de séquestrer un plombier venu à son domicile, un hôtel particulier avenue Foch à Paris, pour un problème de plomberie. Selon ses dires, il aurait tenté de prendre des clichés d'elle pour les revendre à la presse. La victime, un Français d'origine égyptienne, s'était lui justifié d'avoir pris le chantier en photo afin de tout remettre en ordre une fois son travail effectué. Menacé de mort, déclaré en incapacité total de travailler pendant cinq jours, l'homme avait porté plainte contre la princesse et son garde du corps. Malgré l'absence d'immunité diplomatique de la princesse, sa garde à vue, fin septembre 2016 dans son propre appartement, avait été stoppée au bout d'une heure sur demande du parquet de Paris et de la section P12, en charge des flagrants délits, révélait à l'époque *Le Point.* Une clémence qui n'avait pas manqué d'agacer les magistrats de la cour d'appel de Paris. Selon l'hebdomadaire, dans ce dossier « sensible » suivi par la cellule diplomatique de l'Élysée, ils avaient adressé un cinglant réquisitoire à destination de François Molins, le procureur de la République de Paris aux moments des faits. « Il apparaît (...) que ce dossier (...) a subi un traitement hors du commun puisque la personne au domicile de laquelle les faits dénoncés ont été commis et qui avait autorité nécessaire pour les empêcher, a bénéficié d'une levée de sa garde à vue avant même qu'elle ne soit entendue par les enquêteurs. Ce traitement d'exception a permis à l'un des auteurs potentiels d'échapper à la justice française avant même que la lumière ne soit faite (...). De tels événements sont de nature à donner le sentiment aux personnes impliquées qu'elles sont au-dessus des lois de la République ». La princesse, sous le coup d'un mandat d'arrêt international après avoir fui la France, n'avait pas assisté à son procès.

*

Qu'en est-il des ressortissants français expatriés au pays des Lieux saints ? En novembre 2017, à Riyad, quelques jours après la gigantesque purge anti-corruption orchestrée par MBS au Ritz-Carlton, et l'enlèvement du Premier ministre libanais Saad Hariri, la vie de Patrice Couvègnes bascule. Ce banquier français est alors directeur général de la Banque Saudi Fransi (BSF) à Riyad, la cinquième banque saoudienne par ses actifs. Gérée au départ par la banque Indosuez, anciennement Indochine, la BSF est devenue au fil des décennies l'une des banques les plus importantes du pays. C'était « un flagship, un étendard brandi par l'État français, m'éclaire Patrice Couvègnes. Elle permettait la présence nationale de la France dans ce pays. La BSF était présente sur tout le territoire saoudien. Partout. Total est venu après avec ses raffineries et les accords avec Aramco, mais ce n'était pas du même niveau. La BSF assurait les financements d'entreprises saoudiennes comme Aramco, Saudi Oger, Ben Laden, j'en passe et des meilleures ». À l'époque, la BSF est détenue à 15 % par le Crédit Agricole, et à 16,2 % par Kingdom Holding, la société d'investissement du prince al-Walid ben Talal.

Dirigeant français parmi les plus importants au sein du royaume, Patrice Couvègnes, après plus de six ans à la tête de la banque, est soupçonné d'attribution de bonus illicites d'un montant de 90 millions d'euros, via un compte externe à sa banque. Il est assigné à résidence, a l'interdiction de voyager et de quitter le territoire saoudien. Cela va durer près d'un an. Onze mois de captivité qui ne dit pas son nom durant lesquels ses comptes sont temporairement bloqués et ses moyens logistiques limités au strict minimum.

Lorsqu'il me reçoit à son domicile parisien, « là où, au numéro 9 de cette rue, François Mitterrand a passé les derniers mois de sa vie », Patrice Couvègnes ne mâche pas ses mots à l'égard du royaume saoudien.

« Ce pays est une dictature, il faut dire les choses comme elles sont. Mohammed ben Laden a beau gesticuler et faire de la super-com, tout ça, c'est de la daube.

— Mohammed ben Salman, vous voulez dire ?

— Oui, MBS ! C'est un pays où vous êtes fliqués. Vous ne faites pas un pas sans être écouté, suivi, contrôlé.

À chaque étage, il y a un mouchard du gouvernement qui est là et qui rapporte tout ce que vous faites. J'ai vu des tas de choses qui ne sont pas belles… C'est ça la réalité de ce pays, c'est ça l'Arabie saoudite. Pas le plan Vision 2030 qu'on veut nous vendre. Il faut avoir à l'esprit que ce pays, c'est le wahhabisme, la culture de l'islamisme extrême. Qu'on le veuille ou non, la religion est incrustée dans ce pays fondamentaliste. Il est dangereux, et je parle en connaissance de cause. Vu le cursus que j'ai, la vie professionnelle que j'ai eue, la réputation que j'ai, j'ai failli aller en taule ! Dans aucun autre pays ça ne serait arrivé. Je ne suis quand même pas n'importe qui, je suis officier de la Légion d'honneur. C'est inadmissible ce qu'il s'est passé ! »

L'idylle avait pourtant bien commencé. On était venu dénicher ce banquier réputé qui avait vécu quinze ans en Asie : Singapour, Corée du Sud, Japon. On le devine d'ailleurs facilement en jetant un coup d'œil à son intérieur où trônent de magistraux vases en porcelaine, de plus d'un mètre de hauteur. Assis dans un imposant canapé rouge bordeaux, Patrice Couvègnes me déroule la mission qui lui avait été confiée en 2011 : celle de redresser la situation de l'entreprise.

Ce challenge, quand il accepte de le relever, laisse perplexes plus d'une de ses connaissances. « Lorsque je disais aux gens du Crédit Agricole que je partais en Arabie, on me rétorquait : “Mais ce n'est pas possible, tu es monsieur Asie, qu'est-ce que tu vas faire là-bas ? C'est un pays de fous, tu vas être malheureux.” »

Le banquier s'envole tout de même pour le royaume wahhabite où il aura 3 500 personnes à gérer, non sans difficultés. « Les Saoudiens ne sont pas des travailleurs. Je passais mon temps sur le dos des cadres. Qui sont ces gens ? Des riches qui ont une cuillère en or dans la bouche depuis le choc pétrolier de 1973, qui, comme ils disent, a été décidé par Allah. » La banque cherche un nouveau directeur général pour faire le ménage. Pas une mince affaire, mais Patrice Couvègnes a l'habitude de retrousser ses manches. Il met en place une « stratégie qui a complètement révolutionné la banque », mais licencie également des collègues, comme son adjoint, « un Saoudien qui y bossait depuis vingt-cinq ans, ce qui n'a pas plu ».

« Quand je suis arrivé en Arabie saoudite, j'ai découvert que cet adjoint avait ouvert un département "special account". Je lui ai demandé ce que c'était, il m'a répondu : "Rien rien, c'est pour payer les personnes qui déposent de l'argent pour le compte de la famille royale." On parlait de dépôts à plusieurs milliards de dollars ! Je découvre que des sommes sont transférées sur des comptes saoudiens en Suisse et que des gens sont payés pour apporter ce dépôt. Je dis : "Stop, on arrête tout de suite." Un des membres du board me dit non. Ce principe fonctionnait depuis vingt ans, toutes les banques saoudiennes le pratiquaient. En 2017, on me reproche d'avoir couvert ce genre de choses. Quand vous êtes un manager étranger, vous êtes à risque. Le conseil était complètement au courant, tout le monde le savait au sein de la banque. Vous imaginez que j'aurais pu mettre en place ce système ?! Je ne suis pas fou. Mais ils ont dit "ce n'est pas nous, c'est lui". C'est un mécanisme fréquent dans le Golfe. Ce sont des gens extrêmement brutaux, capables de vous balancer du jour au lendemain. Quand ça tourne mal, vous trinquez. Vous êtes le bouc émissaire. Vous êtes pris en otage. »

Alors qu'il assure aux autorités françaises et saoudiennes n'avoir jamais profité à titre personnel d'un système de bonus, Patrice Couvègnes se retrouve livré à lui-même. « Je n'ai eu ni le soutien de l'État ni celui du Crédit Agricole. Personne n'est venu à Riyad quand j'étais en résidence surveillée. » Questionné à l'époque sur le sort réservé à son ressortissant français, l'Élysée indique pudiquement que l'histoire relève « des affaires intérieures saoudiennes ou de transactions privées ». Pour le banquier d'affaires, un seul homme a été déterminant : « Monsieur Bertrand Besancenot. Heureusement qu'il était là. Je lui serai redevable jusqu'à la fin de mes jours. » Selon lui, l'ancien ambassadeur a fait remonter sa situation à l'Élysée. « Le soutien du gouvernement français est assez tiède en général quand ça tourne mal, les gens ont peur. Lui, a mouillé la chemise. Un conseiller diplomatique de Macron est intervenu auprès des Saoudiens. Il a montré les dents. Quand MBS est venu à Paris en avril 2018, on lui a dit : "Il va falloir libérer notre concitoyen." Mais à ce moment-là, un procès au civil m'a été remis sur le dos, ce qui m'a de nouveau interdit de voyager. Ça a été de l'acharnement. »

Patrice Couvègnes est finalement blanchi par la justice saoudienne. « Il n'y avait pas l'ombre d'un doute sur mon innocence. » Lui en est convaincu, il a payé les conséquences de la volonté du Crédit Agricole de vendre ses parts à la Kingdom Holding du prince al-Talal en 2017. Il a servi d'exemple. « Ce n'est pas arrivé par hasard. Le Crédit Agricole voulait vendre sa participation pour récupérer son argent. Ils avaient peur du pays. Ce n'était pas leur volonté que de posséder la BSF. Gérard Mestrallet, à l'époque président de la compagnie Suez, a négocié la vente de la banque Indosuez au Crédit Agricole qui cherchait à se diversifier. Quand le Crédit Agricole a racheté la banque Indosuez en 1996, la BSF était dans la corbeille de mariée. C'est comme ça qu'elle est entrée dans le giron du Crédit Agricole. À l'époque, Indosuez détenait 40 % de la banque. Alors quand vous avez fait votre fric dans un pays pendant des années et qu'un jour vous dites "ciao", ça se passe en général très mal. Ces gens le prennent très mal, c'est considéré comme une attaque, comme une trahison. »

Il quitte le pays en septembre 2018 et rejoint la France, sans un mot ni un merci. Un an plus tôt, Saad Hariri, le protégé d'Emmanuel Macron qui avait, lui, mis sur le carreau quelque 50 000 travailleurs, dont plus de 200 Français, avait été accueilli à bras ouverts par le président de la République sur le perron de l'Élysée. La raison d'État, toujours.

*

2015, sur les terres du prophète Mahomet. Environ 260 Français, cadres pour la majorité, s'apprêtent à vivre des mois de cauchemar. Tous ont été envoyés en Arabie saoudite pour travailler dans l'une des entreprises saoudiennes de construction les plus emblématiques du pays : Saudi Oger. Aucun d'entre eux ne va être rémunéré pendant près de dix mois.

Quelque temps après leur arrivée dans le royaume, Saudi Oger, dont le Premier ministre libanais, Saad Hariri, est le PDG, se retrouve en cessation de paiement. Depuis l'arrivée au pouvoir du roi Salman, il faut dire qu'elle n'a plus vraiment le vent en poupe. L'entreprise Oger International, filiale de Saudi Oger fondée à la fin des années 1970 par Rafic Hariri, le père de Saad, était pourtant celle à qui le royaume saoudien confiait ses plus importants chantiers. Depuis près de quarante ans, les commandes du gouvernement saoudien pleuvaient sur cet exemple de coopération franco-libano-saoudienne. Entre autres, le palais gouvernemental à Riyad, le parlement Al-Shura, l'hôpital du roi Fayçal, le Centre de conférences international King Abdulaziz. Mais aussi les nombreux palais royaux comme celui du roi Fayçal à Riyad, ou encore l'Université des sciences et technologies du roi Abdallah à Djeddah, le siège du National Security Council d'Arabie (NASCO), l'Université Princesse Noura ben Abdulrahman. Sans compter le Grand Hôtel à La Mecque, l'hôtel Sheraton à Al-Hada et à Médine.

Mais « MBS a une dent contre la famille Hariri car il sait qu'elle était très proche de l'ancien roi Abdallah et de l'ancien roi Fahd, explique Bernard, ancien cadre de Saudi Oger, proche du père de Saad Hariri. Le roi Fahd et Rafic Hariri étaient des amis. Le nouveau prince héritier, dans sa volonté de régner en mettant les autres à ses pieds, met à mal les anciens proches des précédents rois ».

En 2015, la société doit se contenter de quelques miettes, comme un chantier controversé à Vallauris, dans les Alpes-Maritimes. Le groupe Oger avait obtenu les travaux d'accès du palais de l'Aurore à la plage La Mirandole qui, en juillet 2015, a tant fait parler d'elle quand devait y être construit l'ascenseur privé du roi, en complète infraction avec la loi littorale. A-t-elle d'ailleurs été payée pour ce chantier non réalisé ?

La direction de Saudi Oger l'assure en tout cas à ses salariés : tout va s'arranger. Sauf que les salaires ne tombent pas, et les dettes s'accumulent. Les expatriés qui ont des économies de côté puisent dedans. Les autres se voient dans l'incapacité d'honorer leurs créances. « Il y a eu des situations dramatiques sur les 260 Français qu'on était. Ça a été terrible pour plus d'une dizaine de salariés, explique Fabrice, ancien manager de Saudi Oger, embauché à l'origine par Oger International, la maison mère jusqu'en 2013. Un salarié n'a pas pu remettre ses trois enfants à l'école, le frigo était vide. Certains étaient expatriés depuis vingt ans : ils n'avaient aucune rente, aucune propriété en France, même pas d'épargne. D'autres n'avaient pas d'emploi avant de venir ici, ils ont été poursuivis par leur banque en France. Imaginez n'avoir aucune source de revenus pendant neuf mois… »

Vincent Lesage, lui, a dit « ça suffit, je m'en vais », bien avant tout le monde – au bout de quatre mois de retard de salaire. « Je voyais bien que la société était plus qu'en faillite. Ce n'était plus une banqueroute, c'était une déroute. » Il avait été recruté pour un poste de directeur adjoint à pourvoir en 2009 en Arabie saoudite, qu'il a quitté précipitamment en décembre 2015 « quand j'ai vu que ça tournait mal ». Il a été de ceux qui ont construit le Ritz-Carlton de Riyad, « là où tout le monde a été emprisonné. Le logo avec le lion à l'entrée de l'hôtel, c'est moi qui l'ai posé avec une équipe. Tout était fait dans le luxe là-dedans, c'était grandiose, se remémore l'homme d'une soixantaine d'années. Je n'avais jamais vu de chantier aussi luxueux, rien n'était interdit. À cette époque, chez Saudi Oger, une grosse société avec des moyens extraordinaires, on n'avait pas besoin de faire du chichi pour avoir ce que l'on avait en matière de matériel ou de personnel », raconte cet ancien salarié.

Parce qu'il était ami avec « le numéro deux des ressources humaines », Vincent Lesage a pu quitter le royaume sans problème. Pour cela, « il fallait que j'obtienne l'autorisation de l'entreprise, qui devait me remettre un "exit final", c'est-à-dire, un visa de sortie définitif. Arrivé à l'aéroport, j'ai confié mon iqama, une espèce de carte d'identité des travailleurs étrangers dans le pays autorisés à y résider pour le travail. Elle est remise par l'employeur. Sans cela, je n'avais pas le droit de sortir du pays ». En Arabie saoudite, chaque entreprise dispose des passeports de ses employés étrangers, qui ont l'obligation de le leur remettre. C'est d'ailleurs l'une des premières choses qu'a faite Vincent Lesage en arrivant en Arabie saoudite, avant de comprendre « qu'il valait mieux le garder pour moi. Il y avait de grands coffres-forts dans lesquels les passeports étaient déposés. Les HR nous les rendaient quand on voulait sortir du territoire. C'était un moyen d'interdire aux gens de se sauver ».

Environ cent Français ont justement été interdits de quitter le territoire jusqu'à mi-2016 tant qu'ils ne régleraient pas leurs dettes, en vertu des lois saoudiennes. « Or, ils avaient des dettes parce qu'ils n'étaient pas payés à cause de l'arrêt des chantiers, parce que l'Arabie saoudite elle-même avait arrêté de payer les sommes qu'elle devait à la société pour ces chantiers ! s'indigne encore aujourd'hui, dans son bureau parisien, Me Caroline Wassermann, ancienne avocate d'environ 80 ex-salariés de Saudi Oger. C'est elle qui avait la mainmise sur ces paiements. »

L'ambassade de France à Riyad, le consulat, la cellule diplomatique à Paris et les députés des Français de l'étranger sont alertés. Nathalie Pellay, alors consule de France, rédige des certificats pour les banques françaises attestant de la situation des salariés. Après d'âpres négociations réalisées par l'ancien ambassadeur de France à Riyad, Bertrand Besancenot, l'Arabie saoudite, en juillet 2016, fait une régularisation de la situation des salariés français de Saudi Oger, qui peuvent alors quitter le territoire saoudien. Tous sont d'accord à ce sujet : « Il a fait un travail énorme auprès des autorités saoudiennes, dit Vincent Lesage. Il les a obligées à prendre le relais, à se substituer à Saudi Oger pour régler une partie de nos salaires. »

Bertrand Besancenot, à ce propos, confie modestement avoir « parlé au ministre des Affaires étrangères saoudien. Je lui ai dit : "Si vous voulez éviter que cette affaire ne tourne au contentieux franco-saoudien, à un moment où il y a déjà certains sujets qui posent problème (les exécutions capitales, la remise de la Légion d'honneur, la guerre au Yémen), si vous voulez éviter un problème de justice et un problème d'image dans la presse, n'en ajoutons pas davantage." Parce qu'à la limite, des Saoudiens qui se font exécuter, ce n'est pas très joli mais bon, ce sont des Saoudiens… "Mais quand vous touchez à des intérêts français, ne soyez pas surpris qu'il y ait des réactions." Il faut avoir à l'esprit que Saudi Oger avait à Paris environ mille ingénieurs qui travaillaient sur les projets saoudiens. Donc c'est bien un projet franco-saoudo-libanais. Si on se comportait mal avec des familles françaises qui travaillent sur un projet majeur franco-saoudien, connu, et si les milieux d'affaires qui auraient le projet d'investir en Arabie saoudite voyaient ce qui passe là-bas, automatiquement, ils ne seraient pas incités à venir ».

Les Français sont chanceux : ils sont les seuls des 50 000 salariés de l'entreprise saoudienne à avoir été payés par l'Arabie saoudite à la place de l'entreprise.

Mais pour eux, l'histoire ne s'arrête pas là pour autant. De retour en France, les anciens salariés réalisent qu'en sus de leurs salaires, des congés payés, des primes et des indemnités de fin de contrat non rémunérés, Saudi Oger n'a pas non plus versé les charges sociales aux caisses françaises pendant plusieurs mois. Ni à Pôle emploi, ni à la Sécurité sociale, ni au régime d'assurance vieillesse de la Caisse des Français de l'étranger, ni à la complémentaire retraite auprès de la société AXA. « Alors même que les cotisations étaient prélevées sur leur salaire ! raille Me Caroline Wassermann. C'est tout simplement du vol », s'exaspère-t-elle.

Certains se voient alors dans l'impossibilité de s'inscrire à Pôle emploi. D'autres, de partir en retraite avec l'entièreté de leurs trimestres. Pour Bernard, à qui Saudi Oger doit trois mois de salaire, plus les cotisations sociales et patronales, « cela représente deux ans de retraite en moins, soit entre 75 000 et 120 000 euros ».

À Vincent Lesage, désormais retraité, le manque à gagner s'élève « pour la retraite à environ 300 euros par mois. Imaginez que je vive, je l'espère, encore trente ans. Sur trente ans, même ne serait-ce que sur dix ans, 300 euros, c'est énorme… »

Sans compter les dommages et intérêts, il y a encore aujourd'hui plus de 20 millions d'euros de salaires, de fins de service, et plus de 2 à 3 millions de cotisations qui restent à être payés par Saudi Oger. « Rien qu'auprès de Pôle emploi, l'entreprise Saudi Oger doit s'acquitter de plus de 700 000 euros », assure Me Caroline Wassermann, qui dénonce le manque d'engagement de l'État français dans ce dossier.

Même les recours devant les tribunaux français ne donnent rien. Tous se renvoient la balle. Les prud'hommes se déclarent en départage et demandent l'arbitrage d'un juge professionnel. Le tribunal de commerce de Bobigny renvoie lui vers le droit saoudien.

La raison de ce casse-tête judiciaire ? Les anciens salariés n'avaient pas tous été embauchés par Saudi Oger, mais étaient ce qu'ils appellent des « détachés » de sa filiale, Oger International. Une société de droit français basée à Saint-Ouen, « qui recrutait des salariés pour Saudi Oger et gérait toute la partie sociale française », développe Fabrice. Lui et une poignée d'anciens détachés ont attaqué Oger International. Ils la qualifient de « co-employeur ayant été mandataire de Saudi Oger même si aujourd'hui, elle se défend n'avoir rien à voir avec l'entreprise saoudienne ». « Elle devait se porter garante pour sa filiale », précise Fabrice. Ils réclamaient le paiement des salaires, des indemnités de départ, avec dommages et intérêts pour perte de droits à la retraite et la fixation des créances au passif d'Oger International. Tous les salariés ont été déboutés fin 2021. Le tribunal avance notamment la compensation financière obtenue par les anciens salariés de la part du gouvernement saoudien, et la possibilité d'entamer des procédures au sein du royaume wahhabite.

Il est vrai que les autorités saoudiennes ont mis en place des recours pour que chaque salarié floué puisse porter plainte. Pour cela, ils pouvaient saisir le ministère du Travail saoudien. Problème : il fallait être sur place. Or, la majorité des anciens salariés français étaient déjà rentrés en métropole lorsque le royaume a ouvert cette procédure. « Et l'ambassade de France ne nous a jamais communiqué la possibilité de porter plainte depuis la France, assure Fabrice, qui parle d'un déni de justice. Elle ne nous a jamais indiqué la procédure à suivre. Si le MAE avait donné des instructions nettes et claires, on aurait été informés », dit-il. Au lieu d'être aidés dans leurs démarches par les autorités françaises, tous assurent s'être au contraire vu mettre des bâtons dans les roues par ces dernières.

« La diplomatie française ne nous a pas aidés, confirme l'ancienne avocate des salariés, Me Caroline Wassermann. C'est une honte, la façon dont elle s'est comportée. Bertrand Besancenot, lui, a été formidable. Mais ceux qui ont suivi, ils n'ont rien fait, ils n'en avaient rien à faire. François Gouyette (l'ambassadeur de France en Arabie saoudite de 2016 à 2020) ne me répondait jamais. On est allé au Quai d'Orsay, je me suis rendue à l'Élysée plaider la cause des salariés auprès de la cellule diplomatique, on a écrit, ré-écrit, ré-ré-écrit. On est allés à de nombreux rendez-vous, ils nous disaient chaque fois “on est très conscients de ce qu'il se passe, croyez bien que la France est très impliquée”, et puis que dalle ! »

Un fait également attesté par un attaché parlementaire d'un député représentant les Français de l'étranger.

« Le ministère du Travail saoudien, dans le cadre de la liquidation judiciaire de Saudi Oger, a créé un site internet à destination des ex-salariés pour les demandes de recouvrement de leurs créances, indique-t-il, mais il était en arabe. On a demandé à l'ambassade de France et au Quai d'Orsay quelle était la procédure à suivre pour faire remonter les plaintes des Français rentrés en France auprès de l'organisme saoudien. On a eu beaucoup de mal à obtenir des infos, le ministère des Affaires étrangères ne nous a jamais répondu. De plus, François Gouyette s'était trompé de date dans les courriers informant les anciens salariés de la création par les Saoudiens de cette procédure, dit-il. Dans une lettre, il indiquait qu'il ne leur restait que deux mois pour envoyer leur dossier. Or, les documents à fournir devaient être traduits en arabe par un traducteur assermenté. Et en deux mois, on est incapable de faire passer des dossiers assermentés par valise diplomatique. »

La diplomatie portugaise en Arabie saoudite, pour ne citer qu'elle, soutenue par le ministère des Affaires étrangères portugais, a pourtant mis en place un procédé permettant d'accompagner les anciens salariés portugais de Saudi Oger rentrés chez eux. Elle a permis, via un acte notarié donnant procuration à l'avocat du ministère du Travail saoudien, de déposer leur plainte. Pourquoi cela n'a-t-il pas été fait par la France ?

« L'assistance consulaire est là pour aider les Français en cas de crise, explique une source anonyme, pour apporter un soutien administratif aux ressortissants français, mais pas un soutien judiciaire. Juridiquement, l'ambassade n'a pas à faire cela, souligne cette même source. Ce n'est pas un cadre légal dans la législation française. » Pour autant, « en trente ans de carrière, je n'ai jamais vu ça, commente le collaborateur d'un élu. C'est la première fois que je suis face à un cas de figure tel que Saudi Oger ».

Conséquence pour les anciens salariés français, 90 % d'entre eux n'ont pas pu déposer plainte auprès des autorités saoudiennes.

« Nous les Français, nous sommes la seule nationalité à ne pas avoir reçu notre solde de tout compte signé par Saudi Oger. Les seuls. C'est quand même grave, signale par ailleurs Fabrice. J'ai dû insister auprès de l'ambassade de France début 2018 pour qu'elle exige de Saudi Oger de soumettre le solde de tout compte à tous les salariés français. On m'a donné un papier sans en-tête, non tamponné, un document qui n'a aucune valeur juridique. Et encore, certains de mes anciens collègues ont reçu une photo de ce document via WhatsApp. » Sans cette pièce, les ex-salariés ne peuvent pas justifier aux autorités saoudiennes les montants dus par leur ancien employeur. « Le ministère des Affaires étrangères pouvait se suppléer à nous, il avait le listing complet des salaires et des cotisations dues aux anciens salariés français, confirme Vincent Lesage. C'était un document Excel qui leur avait été remis par Me Wassermann. Il n'avait plus qu'à les transférer aux autorités saoudiennes. »

Mais voilà, « l'ambassade de France ne veut pas remettre ce document au ministère du Travail saoudien, assure un fin connaisseur du dossier, parce que selon eux, il manque un cachet officiel à ce document qui, disent-ils, ne leur a pas non plus été remis de façon officielle ». Ce qui a bloqué les anciens salariés pour pouvoir déposer leur recours devant les autorités saoudiennes, et leur a été reproché par la défense d'Oger International lors du procès au tribunal de commerce de Bobigny en décembre 2021 où ils ont été déboutés.

« Aujourd'hui, quand j'écris au consulat de France – le consul est formellement censé s'occuper des ressortissants –, ce n'est pas lui qui me répond, mais le premier conseiller politique, raconte un attaché parlementaire. Donc on passe du consulat à la chancellerie, ce n'est pas normal. Ça signifie que c'est une affaire politique, pas une affaire consulaire. » De fait, le dossier a été transféré de la section consulaire à la section politique de l'ambassade après 2017. La même année, la France remettait la Légion d'honneur à Saad Hariri. « Ça a été le pompon ça, raconte Me Caroline Wassermann, encore ulcérée. Comment peut-on donner la Légion d'honneur à cette ordure alors que les salariés n'ont toujours pas leurs sous ? » « On ne remet pas une Légion d'honneur à un escroc, renchérit Vincent Lesage. C'est un non-sens. » Maurice Gourdault-Montagne, secrétaire général au ministère des Affaires étrangères de 2017 à 2019, tempère : « La Légion d'honneur remise à Saad Hariri, c'est une Légion de complaisance. Vous savez bien, c'est un hochet qu'on donne à des étrangers. C'est un geste aimable, un cadeau. C'est comme offrir une montre. Là, on vous offre la Légion d'honneur. » Reste que tous les échanges entre l'ambassade et le gouvernement saoudien concernant l'affaire Saudi Oger ont cessé. Le gouvernement a fait savoir aux salariés que leur interlocuteur sur ce sujet était désormais le liquidateur saoudien de l'entreprise.

« Le dossier Saudi Oger avance beaucoup plus du fait des Saoudiens que des Français, soutient Bernard, l'ancien proche de Hariri père. Ce sont les Saoudiens qui ont gelé les avoirs personnels de Saad Hariri pour couvrir les dettes, rappelle-t-il. Ils ont payé les anciens salariés à la place de l'entreprise, mais ils n'étaient pas tenus de le faire. Moi je comprends que l'Arabie saoudite soit très fâchée, explique l'ancien cadre d'Oger International. Saad Hariri a menti à MBS. Il a vu tous les chantiers en retard dans le pays alors que la société avait perçu des avances du gouvernement saoudien. Il a vu que Saudi Oger ne payait pas les taxes locales à l'Arabie saoudite, qu'elle devait de l'argent au gouvernement. Toutes les sommes d'argent envoyées au Liban qui étaient censées aider les partis politiques sunnites et les citoyens libanais et qui n'allaient pas dans les caisses de l'État libanais, mais dans celles de Saad Hariri, ça aussi MBS l'a vu. En outre, il n'a pas apprécié que Hariri se rapproche du Hezbollah (allié traditionnel de l'Iran dans ce pays multiconfessionnel). Il a voulu mettre un coup d'arrêt à ces pratiques. »

Ce qui a eu des répercussions sur les citoyens français. Pour Bernard, « les autorités françaises ont préféré privilégier Saad Hariri et les Saoudiens. Il y avait le renvoi d'ascenseur que devait Macron à Hariri, et les intérêts avec l'Arabie saoudite… », souffle-t-il amèrement. Ils sont plusieurs à considérer que les autorités françaises ont fait de l'obstruction pour protéger Saad Hariri. Lui, n'a toujours pas versé un centime aux salariés lésés.

ÉPILOGUE

Lorsque je le rencontre dans une sandwicherie de la lointaine banlieue parisienne, Abdulhakim al-Dakhil n'a, a priori, rien d'un riche homme d'affaires saoudien. Vêtu d'un pantalon de jogging et d'un K-way, il ressemble davantage à n'importe quel exilé qui attend des nouvelles de sa demande d'asile politique. Il est bien loin le temps où son père, Abdelaziz al-Dakhil, ancien vice-ministre des Finances, et ancien colonel au ministère de l'Intérieur, avait ses entrées au palais royal. Bien loin le temps où au volant de sa Maserati, Abdulhakim faisait le paon dans les rues de Riyad, quand il ne profitait pas des plus beaux palaces à Monaco, Londres, Marrakech ou Dubaï. Un train de vie rendu possible grâce à l'or noir.

En avril 2020, un tweet vaut à son père, alors âgé de 80 ans, d'être arrêté en pleine nuit. Le vieil homme n'avait pas songé un instant que saluer la mémoire d'un homme mort en détention, Abdallah al-Hamid, écrivain, professeur et membre fondateur d'une association saoudienne de droits civils et politiques, le conduirait lui aussi vers une prison de haute sécurité, « sans même bénéficier d'un procès équitable », selon son fils. Sur le réseau social, Abdelaziz al-Dakhil rendait hommage à « un homme qui s'est consacré à son pays et à de hautes valeurs, morales et citoyennes (...), dont les conseils (...) désintéressés ne seront pas ignorés. Que Dieu ait son âme ». Un homme qui avait été condamné, en 2013, à onze ans d'emprisonnement pour tentative d'atteinte à la sécurité, et incitation à troubler l'ordre public en appelant à des manifestations, et à qui les autorités carcérales avaient refusé une opération du cœur alors qu'il souffrait d'hypertension, provoquant une crise cardiaque fatale. Il n'en fallait pas plus pour que le père d'Abdulhakim soit incarcéré.

Son fils n'a pas le choix. Il se trouve en Europe pour le business, il sait qu'il est pris au piège, et condamné à y rester. « C'est devenu une dictature avec l'arrivée de MBS, me soutient ce citoyen saoudien d'une quarantaine d'années. C'est notre Hitler arabe. Avec la famille Al Saoud, il a toujours fallu faire le dos rond, mais là, on a atteint un tout autre niveau. Ce n'est même plus possible de s'exprimer en Arabie saoudite. Il te met en prison et ferme tes réseaux sociaux, comme il l'a fait avec mon père, dès lors qu'une chose ne lui plaît pas. » Aujourd'hui, Abdulhakim al-Dakhil n'a aucune nouvelle de son père, il ne sait même pas s'il est en vie.

Alors qu'il m'affirme posséder cinq millions d'euros, il vit aujourd'hui dans la précarité et dépend des aides de l'État français pour tâcher de vivre dignement. Il ne peut plus utiliser aucune de ses nombreuses cartes bancaires, ses comptes ont été gelés. « MBS m'a dit : “rentre en Arabie et je te redonnerai accès à ton argent”, m'explique-t-il. Autant dire que ça équivaut à me jeter dans la cage aux lions ! Vous avez vu comment il a fait tuer Jamal Khashoggi ? Comment pourrais-je aller le voir après ça ? »

Son père connaissait d'ailleurs bien le journaliste dissident. Les deux hommes, issus du même village, se croisaient régulièrement aux cérémonies royales du temps du roi Fahd.

Aujourd'hui, la voix brisée, Abdulhakim al-Dakhil assure que MBS « a ruiné ma réputation et celle de ma famille, en plus de m'avoir volé tout mon argent ».

Il me garantit que le tweet de son père n'était qu'un prétexte à son incarcération.

Pour lui, il s'agissait surtout, dans la logique de MBS, d'éliminer tout opposant, de mettre sur le côté un homme « qui en savait beaucoup sur l'argent et sur le renseignement ».

Lui en est convaincu, le prince héritier « est un enfant capricieux sans expérience. S'il n'a pas ce qu'il veut, il est incontrôlable. Un jour tu dis une chose, ça va le faire rire. Si tu lui dis la même chose le lendemain, il va te mettre en prison. Ce mec est fou, tu ne sais jamais comment il va réagir ».

Raison pour laquelle il tient à mettre en garde la France. « Un jour ou l'autre, ce que fait Macron, ça se retournera contre vous. Soit de la part de MBS, qui se voit en empereur. Soit de la part de groupes qui en veulent à la France pour le soutien militaire apporté à l'Arabie dans la guerre au Yémen. Gardez bien à l'esprit que cette famille Saoud, ce n'est pas une famille royale. C'est une mafia. »

Avant de nous dire au revoir, Abdulhakim al-Dakhil me dit, « ce que je veux, c'est la "liberté, l'égalité et la fraternité", qu'il prononce en français. C'est quelque chose de précieux. Si j'avais cela dans mon pays, j'en prendrais grand soin ».

Un propos alarmiste qui me laisse songeuse.

La France, à force de vouloir décrocher une place sous le soleil saoudien qu'elle n'a toujours pas, est-elle devenue le valet du royaume wahhabite ? N'est-elle pas, en fin de compte, elle aussi otage de son ami saoudien ? Je me souviens d'une phrase lue au cours de mes recherches au début de cette enquête. Signée du prince Nayef ben Abdelaziz, ancien prince héritier au trône, mort en 2012, elle disait : « Lorsque je reçois un ministre français et que je prononce le mot magique Miksa, je vois ses yeux briller et je peux tout lui faire gober. » MBS partage-t-il cet avis ?

Si nombre de mes interlocuteurs me soutiennent que depuis l'arrivée d'Emmanuel Macron à l'Élysée, la ligne politique est beaucoup plus dure vis-à-vis de Riyad – notre président misant davantage sur les Émirats arabes unis –, reste que nos autorités ne semblent avoir aucun moyen de pression face au prince héritier. Aucune possibilité d'arrêter la monarchie lorsque cette dernière, après s'être engagée, en 2014, à financer un contrat de 3 milliards de dollars – le contrat Donas, visant à moderniser l'armée libanaise avec du matériel militaire français –, a finalement décidé, en 2016, de garder pour sa propre armée les équipements achetés à la France. Autant de canons Caesar, de missiles, de blindés ou d'hélicoptères Cougar d'Airbus qui tombaient à pic pour Riyad, engagé dans le conflit au Yémen. Le royaume jugeait Beyrouth trop proche du Hezbollah, le parti chiite soutenu par l'Iran. Cela ne semble pas inquiéter nos hauts fonctionnaires : « Ça devait aller au Liban, c'est allé en Arabie… Bon. C'était de l'argent saoudien dans tous les cas. » Cette phrase prononcée lors de notre entretien par Bertrand Besancenot, ancien ambassadeur de France en Arabie saoudite, résume-t-elle à elle seule l'état de la relation entre les deux pays ?

Paris a en tout cas dû se plier, en 2018, au souhait de MBS de liquider la structure chargée de la négociation des contrats d'armement avec l'Arabie saoudite : ODAS, ex-Sofresa. Selon *Challenges*, le jeune prince reprochait à l'organisme, co-détenu par l'État français, ses liens avec certains proches de l'ex-ministre saoudien de la Défense, Sultan ben Abdelaziz. L'ancienne ministre des Armées, Florence Parly, n'était pas parvenue à faire changer d'avis MBS. Elle a été contrainte de détruire ODAS.

La même année, Paris annonçait fièrement, à l'occasion de la venue du prince héritier dans la capitale, la tenue d'une conférence internationale en France sur la situation humanitaire au Yémen. Il n'en a jamais rien été. Aucune conférence des ministres des Affaires étrangères n'a été organisée au Quai d'Orsay comme l'espérait le président de la République. Une simple réunion d'experts internationaux et de diplomates a eu lieu en juin 2018 et il n'en resta pas grand-chose. Mais les autorités françaises y croyaient encore : une conférence plus ambitieuse, après cette étape préparatoire, devait avoir bientôt lieu, juraient-elles. Cinq ans plus tard, on l'attend toujours. La France a beau entendre peser de façon singulière sur la résolution du conflit au Yémen, se rêver en un intermédiaire Iran-Arabie saoudite, elle ne semble pas le moins du monde prise au sérieux par un dirigeant autocratique ingérable.

Pourquoi notre président de la République a-t-il alors été le premier chef d'État occidental, en décembre 2021, à se rendre dans le royaume saoudien depuis l'assassinat du journaliste Jamal Khashoggi ? Un cadeau tel qu'il a ouvert la voie à la réhabilitation de MBS sur la scène internationale. Un fait réitéré à l'été 2022. Le prince héritier a réservé à Paris sa première visite en Europe depuis 2018.

Je me rappelle les propos de Jean Tobelem, directeur de l'institut d'étude et de conseil Option Culture, enseignant à l'École du Louvre. Lui, me disait voir d'un mauvais œil tous « ces projets guidés par des préoccupations mercantiles », dans le domaine de la Culture. Même s'il jugeait que « ce n'est pas illégitime », il considérait cela préoccupant.

« Contrairement à ce que l'on nous dit, je ne suis pas sûr que ces projets soient, à long terme, la meilleure option pour la défense des intérêts diplomatiques de notre pays. La realpolitik, est-ce de complaire à des régimes autoritaires qui nuisent à l'image de la France ? Est-on certain qu'au niveau des opinions publiques internationales, ça soit très bien compris ? Qui nous dit qu'un jour, on ne se retournera pas contre la France en nous disant "ce que vous avez fait là, ce n'était pas une bonne idée". On oublie qu'il y a chaque fois un prix à payer. Ce prix, moi je considère qu'il est trop élevé. »

Je me rappelle aussi les propos de la chercheuse Fatiha Dazi-Héni, spécialiste du Golfe, qui affirmait devant la commission des Affaires étrangères de l'Assemblée nationale en 2016 : « S'il y a une chose que ces pays respectent, c'est la puissance. Or l'attitude de la France vis-à-vis de l'Arabie Saoudite – qui nous fait miroiter des marchés – est trop docile, et finalement contre-productive. Le fait que nous cherchions à tout prix à obtenir des contrats n'est pas perçu comme très respectable : cela se sait dans la région et la France y est considérée comme un pays faible. Lorsqu'ils voient arriver les Français avec leurs gros sabots à la recherche de contrats, ils se disent qu'ils vont "faire mumuse" avec eux ! »

Pour avoir prononcé ces mots, Fatiha Dazi-Héni a été convoquée par sa hiérarchie et a reçu un blâme de la part du directeur aux Affaires stratégiques de la DGRIS du ministère de la Défense. Raison pour laquelle elle a préféré décliner ma demande d'interview :

« Cet épisode a constitué pour moi un véritable traumatisme car je ne faisais qu'exercer en toute bonne foi mon métier de chercheure et de spécialiste reconnue sur cette région. Je comprends votre désarroi, mais il n'est absolument pas question que j'en paye encore durement le prix. J'ai décidé de ne plus parler publiquement de la politique française dans le Golfe. »

Par ailleurs, au regard des enjeux environnementaux, la France ne devrait-elle pas faire le pari d'investir dans les énergies renouvelables ? Alors même que Riyad a annoncé par la voix de MBS, fin août 2022, qu'elle atteindra le pic de sa production en 2027, à un niveau inférieur à celui prévu, et qu'elle est forcée de réfléchir à l'après-pétrole, ne serait-il pas judicieux d'en faire de même en se tournant vers de nouveaux acteurs ?

Pour l'heure, Paris est tributaire du pétrole saoudien. Avoir reçu MBS à l'Élysée en juillet 2022 n'a pas stoppé l'envolée des prix de l'énergie. Joe Biden n'y est pas parvenu non plus. L'actuel locataire de la Maison Blanche s'est rendu à Djeddah à l'été 2022 pour convaincre le royaume d'ouvrir les vannes de sa production pétrolière. Face au contexte économique, résultat de la guerre en Ukraine, il a dû se renier. Peine perdue. Ses espoirs ont été douchés. MBS n'a pas augmenté la production de pétrole tant attendue. Biden avait-il dû, pour essayer de changer la donne, se plier aux volontés du prince héritier qui, en plus de toutes les fonctions dont il avait déjà la charge, a été nommé, fin septembre 2022, Premier ministre – un poste traditionnellement occupé par le roi ? En novembre 2022, Washington accordait en tout cas l'immunité juridique à MBS dans l'affaire Khashoggi.

Ce n'était pas là son premier revers. En 2019, CNN révélait que l'Arabie saoudite et ses partenaires de la coalition engagés au Yémen – Émirats arabes unis en tête – avaient transféré des armes achetées à Washington à des combattants yéménites liés à Al-Qaïda pour combattre les milices houthies, soutenues par l'Iran. Y figuraient notamment des chefs de milices telles que la brigade Abu Abbas, une des milices liées à Al-Qaïda dans la péninsule arabique (Aqpa). Or, si depuis 2017, Abu Abbas est considérée comme un groupe terroriste par les États-Unis, elle a toujours le soutien de la coalition saoudienne. Cela, en toute violation des accords avec les États-Unis. Les deux émirats avaient utilisé les armes américaines comme monnaie d'échange pour acheter la loyauté des milices et des tribus, et ainsi influencer le paysage politique complexe au Yémen.

La France est dépendante de l'exportation de ses armes vers l'Arabie saoudite, son premier client, pour assurer sa propre indépendance militaire. Même si nos officiels nous assurent le contraire, qui nous dit que demain, ces armes ne tomberont pas entre les mains de nos ennemis, comme c'est arrivé avec du matériel militaire américain ?

Pour rappel, c'est au nom d'Aqpa que les frères Kouachi ont revendiqué l'attentat de *Charlie Hebdo*, qui a causé la mort de douze Français, en 2015, et touché en plein cœur la liberté d'expression, fondement de notre démocratie.

« Je suis sceptique quant au fait de devoir traiter un pays avec les émotions que connaissent les Occidentaux. La realpolitik, ça existe Madame. Aujourd'hui, il n'y a que des rapports de force dans le monde. »

François Léotard,
ministre de la Défense de 1993 à 1995,
architecte des contrats Sawari II et Agosta
vendus à l'Arabie saoudite et au Pakistan

« Un jour, la guerre au Yémen s'arrêtera. Et nous, travailleurs humanitaires, dirigeants politiques, instances internationales, nous serons tous responsables de nos actes et de nos paroles. »

Jean-François Riffaud,
directeur d'Action contre la faim

Remerciements

À mes proches, qui m'ont toujours soutenue dans la concrétisation de cette enquête.

À C. F., qui a supporté mes angoisses, mes peurs, mon stress et mes joies. Merci pour son soutien.

Aux confrères et consœurs qui m'ont aidée à réaliser ce sujet, m'ont aiguillée et épaulée, et aux rédactions qui m'ont fait confiance. Merci à Virginie Roels, Michel Despratx, Amélie Mougey, Franck Bourgeron, Antoine Vitkine, Anne Poiret, Y. D., Aymeric Elluin, pour ne citer qu'eux.

À Vincent Coquaz, Mathilde Siraud et les JRE de Rennes.

À mes éditeurs Pierre Marlière et Christophe Bataille. À leur bienveillance inébranlable, leur compréhension et leur patience. Merci à eux d'avoir cru en ce projet.

À mes sources, sans qui ce livre n'existerait pas. Merci pour leur courage et pour leur conscience.

Puisse ce livre apporter un peu d'éclairage aux zones d'ombres franco-saoudiennes.

TABLE

Cet ouvrage a été imprimé
par CPI Brodard & Taupin
pour le compte des éditions Grasset
à La Flèche (Sarthe)
en mars 2023

PAPIER À BASE DE FIBRES CERTIFIÉES

Grasset s'engage pour l'environnement en réduisant l'empreinte carbone de ses livres. Celle de cet exemplaire est de :
500 g éq. CO_2
Rendez-vous sur www.grasset-durable.fr

N° d'édition : 22792 – N° d'impression : 3052299
Dépôt légal : avril 2023
Imprimé en France